KB111810

행 복 한   일 터 를   만 드 는

비 밀 코 드

행복한 일터를 만드는 비밀코드

발행일	2016년 7월 14일		
지은이	천 영 선		
펴낸이	손 형 국		
펴낸곳	(주)북랩		
편집인	선일영	편집	김향인, 권유선, 김예지, 김송이
디자인	이현수, 신혜림, 윤미리내, 임혜수	제작	박기성, 황동현, 구성우
마케팅	김회란, 박진관, 오선아		
출판등록	2004. 12. 1(제2012-000051호)		
주소	서울시 금천구 가산디지털 1로 168, 우림라이온스밸리 B동 B113, 114호		
홈페이지	www.book.co.kr		
전화번호	(02)2026-5777	팩스	(02)2026-5747

ISBN 979-11-5987-088-0 03320(종이책)   979-11-5987-089-7 05320(전자책)

이 도서의 국립중앙도서관 출판예정도서목록(CIP)은 서지정보유통지원시스템 홈페이지(http://seoji.nl.go.kr)와
국가자료공동목록시스템(http://www.nl.go.kr/kolisnet)에서 이용하실 수 있습니다.
(CIP제어번호 : CIP2016016607)

성공한 사람들은 예외없이 기개가 남다르다고 합니다.
어려움에도 꺾이지 않았던 당신의 의기를 책에 담아보지 않으시렵니까?
책으로 펴내고 싶은 원고를 메일(book@book.co.kr)로 보내주세요.
성공출판의 파트너 북랩이 함께하겠습니다.

행 복 한 일 터 를 만 드 는

비밀코드

천영선 지음

북랩 book Lab

감사의 글

이 책이 있기까지 많은 도움을 주신 모든 분들께
감사의 마음을 전한다

내 인생에 소중하고 아름다운 인연이 되어서 내게 무한한 영감과 영향을 주고 내 인생을 행복의 빛으로 밝혀준 모든 분께 고맙다고 말하고 싶다. 이 책을 만드는 행복 여행에 크게 도움을 주고 기여한 사람들에게도 감사의 마음을 전하고 싶다.

아침에 스마트폰에서 울리는 알람 소리에 깨어나 에이스 침대에서 이브자리 이불을 걷고 일어나 BYC 속옷을 입고서 화장실로 향한다. 죽염치약으로 이를 닦고 두보레 비누로 세수를 하고, 엘라스틴 샴푸로 머리를 감고, 송월타월의 수건으로 물기를 닦는다. 한샘 주방가구로 세팅된 주방으로 가서 이마트에서 BC카드로 구입한 임금님표 이천 쌀로 쿠쿠에 지은 밥과 목우촌의 고기와 동원참치, 해남배추로 만든 김치, 광천 김, 풀무원 두부와 청정원 된장으로 만든 된장국으로 식사를 한다.

카운테스마라 와이셔츠와 닥스 넥타이를 매고 삼성의 엠비오, LG패션의 정장을 입고 금강 구두를 신고서 집을 나선다. 아이나비가 장착된 삼성 르노 자동차를 타고 한국도로공사가 만들어 놓은 도로를 가로질러 회사로 향한다. 업무를 시작하기 전에 맥심커피나 담터의 국산 차를 마시고 LG 컴퓨터를 켜고 다음과 네이버 메일을 확인하고 하루 일과를 시작한다.

이렇게 아침에 일어나서 저녁에 잠들기까지 수많은 회사의 직장인들의 땀과 노력이 만들어낸 상품과 제품들로 나의 행복한 삶을 만들어 가고 있다. 그렇기에 이 땅의 모든 직장인들과 기업들에게 진심으로 감사의 말씀을 전한다.

마지막으로 나의 삶의 의미이자 존재하는 것만으로도 내게 무한한 삶의 열정과 생명을 불어넣어 주는 사랑하는 나의 가족과 부모

형제 가족들, 그리고 나의 행복 천사들인 친지 일가, 친구, 선후배 모두에게도 사랑과 감사의 마음을 전한다.

이 땅의 모든 직장인들이 행복한 인생, 성공적인 인생을 소망하며

모든 직장인은 누구나 행복을 꿈꾼다.

나 역시도 마찬가지고 주변의 아는 사람들은 하나같이 행복한 직장 생활을 희망하고 간절히 원한다. 하지만 직장 생활에 있어 행복이 무엇인지 물어보거나 행복을 위해 어떤 노력을 하고 있는지 묻는다면 쉽게 대답할 수 있는 사람은 매우 적다. 나 역시도 행복이란 것에 깊은 관심을 갖기 전까지는 마찬가지였다. 우리는 그저 행복의 조건을 나름대로 정해두고 그 안에 갇혀 지내곤 한다. 많은 연봉, 승진, 대부분이 알고 있는 좋은 직장 등 눈에 보이고 누구나 생각하는 것들을 막연히 행복의 절대적인 조건이라며 지낸다.

그런데 그것들이 충족되었을 때 과연 자신이 얼마나 행복했던가를 가만히 생각해보면 갑자기 자신이 꿈꾸던 행복이 과연 이것이었던가? 하는 의구심이 생기면서 또 다른 행복을 찾아 방황하다가 결국 "그래, 직장 생활이란 다 그런 거야. 직장 생활이란 자체가 행복해질 수가 없는 거야"하며 스스로 위안 삼았던 경험들을 누구나 가 한 번쯤은 해보았을 것이다.

이 책은 이런 경험을 했거나 지금 그러한 경험을 하고 있으면서 도 여전히 행복한 직장 생활을 꿈꾸고 원하는 모든 직장인에게 행 복한 직장 생활을 할 수 있도록 이끌어 주기 위해서이다.

물론 직장인들에게 꿈과 희망, 용기를 북돋워 주는 책, 성공적인 직장 생활을 위한 자기계발서, 행복한 직장 생활 안내서, 직장인들의 힐링을 도와주는 책들은 서점 어디를 가도 이미 널리고 널려 있다.

요즘 대한민국의 직장인들은 하루하루가 바쁘고 힘들다. 그래서 기존의 서적들과 달리 이 책은 미친 듯이 바쁘게 살아갈 수밖에 없는 이들에게 좋은 책을 뛰어넘어 보다 재미있고, 쉽고 빠르게 행 복한 직장 생활을 위한 본질에 대한 설명과 명쾌한 방안들을 제시 한다. 본인도 마찬가지로 늘 시간에 쫓기면서 살아가고 있지만 그런 바쁜 생활 속에서 행복한 직장 생활을 희망하는 이들을 위해 준비된 책인 것이다. 저자에게 최고의 책이란 사람들이 단순히 읽고 읽는 순간만 기분 좋은 책이 아니라 사람들에게 읽고 남는 것이 있으며, 강한 동기부여가 되어 자신에 대해 다시 한 번 깊이 있게 생각하게 하며, 책에서 제시한 실질적인 행복한 삶을 실천할 수 있는 구체적인 방법들을 통해 행복한 생활을 할 수 있도록 해주는 행복한 삶의 바이블 같은 책이다.

저자는 대학을 졸업하고 벤처기업에 입사한 이후, 신세계, 한진, 현대를 거쳐, 유진그룹에 이르기까지 8개의 회사에서 기획, 영업, 운영, 경영지원 업무를 하면서 여러 개의 조직문화와 경영활동 들을 직접 경험하면서 어디서나 공통적으로 느낀점은 "업종과 업무는 다를지라도 정도의 차이는 있지만 결국 대한민국의 직장인들은 그 누구를 막론하고 직장 생활을 힘들어하고 재미없어 한다"는 것이다.

　그러한 모든 것들을 유심히 살펴보면서 직장 생활이 나를 포함하여 주변을 둘러싸고, 함께 하는 모든 이들이 어차피 퇴직할 때까지 평생토록 직장 생활을 하면서 "왜 일 하는가?" "왜 어렵고 힘든가" "어떻게 하면 행복해질 수 있을까?" 고민하면서 직장인들이 힘들 수밖에 없는 근본적이고 구조적인 문제들을 규명하고 행복한 직장 생활을 해나갈 수 있는 현실적이면서도 최적의 방안들을 찾아보았다.

　본인도 또한 사회적으로 큰 업적을 이뤄 존경받는다거나 한 분야에서 독보적 권위를 인정받는 전문가도 아니며 아직까지 가난과 역경을 이기고 자수성가해 성공신화를 창조한 입지전적 인물도 아니다. 지금 이 글을 읽고 있는 여러분들과 조금도 다르지 않은 평범한 직장인이며 똑같은 고민을 안고 살아가는 소시민이라는 점 덕분에 현실과의 괴리감과 불안감 없이 이 책을 끝까지 관심을 가지고서 읽어나갈 수 있으리라 믿는다. 다시 말해 이 책은 선택 받은 일부가 아니라 이 시대를 살아가는 우리 평범한 직장인들 다수의 입장에서 이해와 공감을 바탕으로 행복한 직장 생활을 위해 어떻게 사는 것이 좋은지 함께 고민해보고 최적의 해법을 제시해보고자 하는 마음에서 출발했다.

이에 본 책이 대한민국 직장인들의 행복한 직장 생활을 위한 올바른 방법과 방향제시를 위한 바이블로서 모든 이들이 건전하고 행복한 직장 생활을 이루어 가는 데 일조하기를 바라며, 기업의 성공에 조금이나마 기여할 수 있기를 희망한다.

목차

감사의 글
이 책이 있기까지 많은 도움을 주신 모든 분들께
감사의 마음을 전한다   004

프롤로그
이 땅의 모든 직장인들이 행복한 인생, 성공적인 인생을 소망하며 007

PART 1   情(Desire) - 행복경영, 행복한 일터

1   행복경영이란 무엇인가?

행복경영이란 무엇인가?   022
행복경영을 추구하는 이유   023
행복경영은 현실 가능한 최고의 가치다   027

2 우리는 왜 일하는가?

일이란 무엇인가? 029

왜 일을 해야만 하는 걸까? 032

나는 무슨 일 하며 살아야 할까? 034

어떻게 일해야 할까? 037

우리는 행복한 직장을 꿈꾸고 희망한다 038

대한민국 직장인들의 행복 지수는? 040

3 왜 일이 행복하지 않은 것일까?

직업과 직장에 대한 환상을 버리자 042

내게 맞는 완벽한 직장은 지구 상엔 없다 045

경쟁이나 비교에 행복을 낭비하지 말자 047

고단한 직장 살이, 보통으로 사는 게 쉽지 않다 049

4 어떻게 하면 일이 행복해질 수 있을까?

행복해지려고 노력하라 051

행복한 일터를 여는 비밀코드를 발견하라 053

행복한 일터를 만드는 조건을 인지하라 054

행복한 직장 생활 기술을 연마하라 055

당당하게 일하고 긍정적인 마음으로 행복을 만끽하자 055

PART 2 知(Intellect) - 행복한 일터를 여는 비밀코드

1 미처 알지 못했던 일과 직장의 본질

당신이 일을 선택한 것이 아니라 일이 당신을 선택한 것이다　060
직장은 요지경이다　062
강한 자와 변화에 재빠르게 적응하는 자가 살아남는다　064
회사는 당신을 지켜주지 않는다　067
회사는 일만 잘한다고 승진시켜주지 않는다　068
사내정치는 엄연히 존재하며 거기에는 이유가 있다　069
직장에서 자신의 사생활을 털어놓는 것은 위험하다　071
인사고과는 업무 실적과 관계 없다　073
새로운 상사와 일한다면 그에게 적응하라　074
외모는 생각보다 훨씬 중요하다　077
직장은 당신의 놀이터이자 인생의 무대이다　078
직장은 위에서만 바꿀 수 있다　081
이 세상에 쉬운 일이란 없다　082
모든 동료와 원만히 지낼 필요는 없다　085
절대로 무슨 일이 있어도 뒤에서 험담하지 말아야 한다　086
염량세태에 상처받지 마라, 직장 생활이란 게 다 그런 거다　088
올라가려거든 긍정적인 생각과 태도를 가져야 한다　089
직장 생활의 행복은 살아남는 자의 것이다　091

2 직장 생활에는 일정한 질서와 규칙이 있다

자연의 법칙을 통해 본 질서와 규칙　093
생물학적 법칙을 통해 본 질서와 규칙　095
종교학적 법칙을 통해 본 질서와 규칙　098
양자역학 법칙을 통해 본 질서와 규칙　099

화학적 법칙을 통해 본 질서와 규칙　　　　　102

사자성어를 통해 본 질서와 규칙　　　　　105

경제학을 통해 본 질서와 규칙　　　　　107

사회학적 요소를 통해 본 질서와 규칙　　　　　108

인류학적 요소를 통해 본 질서와 규칙　　　　　110

3　너무 늦기 전에 깨달아야 할 행복한 직장의 진실

행복은 자기 자신의 일에 대한 사랑으로부터 시작된다　　　　　112

직장 생활의 기본이 성공과 행복의 기본이 된다　　　　　114

뜻을 세웠으면 그 길을 가라　　　　　116

시련은 행복을 가져다 준다　　　　　117

물 흐르듯 생활하라　　　　　119

윗물이 맑아야 아랫물이 맑다　　　　　121

직장 행복은 노력을 통해 충분히 내 것으로 만들 수 있다　　　　　122

직장에서의 성공이 반드시 직장 생활의 행복인 것은 아니다　　　　　124

직장 생활의 소소한 기쁨이 곧 진정한 행복이다　　　　　125

행복은 감사로 시작해서 감사로 완성된다　　　　　128

직장의 행복은 롤러코스터다　　　　　129

직장 생활의 행복에는 정답도, 완벽도 없다　　　　　130

직장 생활도 리스크(Risk)관리가 필요하다　　　　　132

일 그 자체에서 행복을 찾고 만들어라　　　　　134

피할 수 없다면 즐겨라　　　　　136

자신만의 필살기가 없다면 자신만의 취미라도 가져라　　　　　140

이 세상엔 어떻게든 해결되지 않는 문제는 일어나지 않는다　　　　　141

세상은 넓고 할 일은 많다　　　　　144

일과 삶과의 균형을 유지하라　　　　　145

일과 성공에 욕심내지 말고 기대치를 낮춰라　　　　　147

PART 3　素(Component) - 행복한 일터를 만드는 여섯 가지 조건

1　건강

건강을 잃으면 세상 모든 것을 잃는다　　　　　　　150

건강을 위협하고 의욕을 저하시키는 스트레스　　　152

화를 다스리면 직장 생활이 달라진다　　　　　　　153

걱정해봐야 소용없다　　　　　　　　　　　　　　155

마음의 상처를 치료하자　　　　　　　　　　　　　156

건강을 지켜주는 식생활 습관　　　　　　　　　　　159

웃으면 복이 온다　　　　　　　　　　　　　　　　161

잘 자는 것이 건강의 기본이다　　　　　　　　　　162

2　비전

비전이란 무엇인가?　　　　　　　　　　　　　　　164

왜 비전이 중요한가?　　　　　　　　　　　　　　　166

어떻게 비전을 만드는가?　　　　　　　　　　　　　168

회사의 비전이 곧 직원의 비전이다　　　　　　　　170

비전은 진화하고 발전해나가야 한다　　　　　　　　171

3　보상

직장인에게는 보상과 급여가 가장 민감하다　　　　173

그러할지라도 당장의 보상에 목매지 마라　　　　　174

공정한 보상이 최대의 성과와 행복을 가져다준다　175

물질적 보상이 전부는 아니다　　　　　　　　　　　177

4 조직문화(GWP)

조직문화란 무엇인가?   179

왜 조직문화인가?   181

조직문화의 핵심가치   183

작은 것을 소홀히 하면 큰 것을 만들어 갈 수 없다   185

결국 사람이다   187

5 동료와의 관계

직장 생활을 오래 할수록 더해지는 동료의 소중함   188

적당한 거리 유지하기   190

동료는 삶의 지지자이자 동반자다   192

동료와 우정 쌓기   193

슬픔과 기쁨을 함께 나눠라   194

6 마음가짐

사랑을 나누는 삶을 살아라   195

사소한 것에도 기뻐하고 즐거워하라   197

물처럼 화평和平한 직장 생활을 하면 인생이 평안하다   198

인내忍耐는 만사의 덕목이다   199

끝없이 용서容恕하라   201

어질고 착하게良善 살아라   202

온 마음을 다해 정성情誠 들이는 삶을 살아라   204

절제節制 할 줄 아는 삶은 행복하다   205

PART 4 術(Skill) - 행복한 직장 생활의 기술

1 행복의 기술

직장의 행복은 현실에 대한 인정으로 시작해
현실에 대한 극복으로 끝난다   208
당신의 운명도 행복도 당신의 선택에 의해 결정된다   211
부정적 행동을 긍정적 행동으로 전환시키는 방법   213
행복은 요리다   216

2 직장 생활 성공과 행복의 공식

직장 생활의 성공에도 공식이 있다   217
직장 생활의 행복에도 공식이 있다   220

PART 5 意(Will) - 행복한 일터 행복한 삶 속으로

1 당당하게 행복해지자

자신이 꿈꾸는 행복이 의미하는 바를 알아야 한다   228
아무리 힘들어도 나를 잊지 말자   230
지금 이 순간에 충실하자   231
일하다 마주치는 작은 걸림돌에 의연해지자   233
자신의 어깨를 다독여 주어라   234

상사나 부하나 모두 같은 인간이다   236

중심을 잃지 말자   238

모든 순간순간이 최선의 선택이었다는 사실을 인정하자   240

힘들면 쉬었다 가고 급할수록 돌아가자   241

2   당신 자신을 믿고 하늘에 맡겨라

盡人事待天命   244

무조건 믿어라   246

3   처음을 기억하고 감사하자

감사하는 마음   249

감사의 기도로서 하루를 시작하고 하루를 마감하자   251

아름다운 마무리   252

에필로그

이 또한 지나가리라, 전 직장인이 행복한 새로운 내일은 꼭 오리라   254

PART 1

情(Desire)
- 행복경영, 행복한 일터

행복경영이란 무엇인가?

행복경영이란
무엇인가?

행복경영이란 기업이 성장과 발전을 해나가는 과정에서 사회 전체의 행복을 극대화하는 방향으로 나아가기 위하여 회사의 이해관계자인 고객, 주주, 경영자 직원의 행복을 극대화 시키고 그중에서 직원의 행복을 최상의 가치로 두고 하는 경영활동을 말한다. 그동안 자본주의 발전 시기에 따라 품질경영, 현장경영, 고객중심경영, 시스템경영, 책임경영, 정도경영, 신뢰경영, 윤리경영, 상생경영, 투명경영, 열린경영, 녹색경영, 가치관경영, 미래경영 등 여러 가지 경영기법들이 대두되었다.

하지만 본질적으로 이러한 경영기법 등은 생산성과 효율을 높이고, 이윤 극대화를 위한 방법으로 도입된 것이며 부분적인 효과를 최대화시키기 위한 것이다. 물론 현실적으로 기업의 이윤 추구는 가장 시급하고도 중요한 기업의 목적이다. 그러나 이것은 '인생의 목적은 먹는 것이다'라는 말과 다르지 않다. 먹는 것은 생존과 성장을 위하여 필수적인 요소지만, 그렇다고 해서 먹는 것이 인생의 목적이 될 수는 없다. 흥미롭게도 이윤 극대화를 추구하는 기업은 대체로 최대 이익을 얻지 못하고, 지속적인 성장도 하지 못하였다. 장기적인 관점에서 지속적인 성공과 성장을 이뤄내기 위해서는 행복경영이 필요하다. 우리 인류가 평생을 행복을 위해 나아가듯, 기업이 행복경영을 추구할 때, 인류가 오랫동안 진화 발전하듯이 기업도 지속적인 성장과 발전을 해나갈 것이다. 높은 수익성을 유지하며, 장기간 생존하는 장수기업이 되려면 시장 친화적 기업, 행복 지향적 기업, 즉 다양한 이해관계자들의 행복을 충족시켜 그들로부터 지속적으로 존경과 사랑, 신뢰에 기반을 둔 응원을 받아낼 수 있어야 한다.

행복경영을 추구하는 이유

회사나 직장인 개개인에 있어 성장과 발전의 궁극적 목적은 행복 추구다. 조직운영에서 구성원의 행복에 초점을 두는 경영방식이 바로 행복경영이다.

그림과 같이 개인과 회사의 목적과 방향이 조화롭게 하나가 되고, 이 하나된 목표가 궁극적 행복에 도달하도록 하는 것이 행복경영의 체계이다.

행복경영은 몇 년 전부터 몇몇 훌륭한 기업과 직장인들의 주요 관심 분야였으며, 요즘 들어 행복경영을 실천하려는 기업들이 더욱더 늘어나고 있는 것은 매우 바람직한 현상이다.

행복경영의 핵심은 직원이 행복하면 고객에게 탁월한 서비스를 제공하고 이에 만족하는 고객들로 인해 회사 성과가 극대화 되는 선순환 구조이다.

기업은 행복한 직원을 통해 가치 있는 상품과 서비스를 고객에게 제공함으로써 고객을 행복하게 하고 세상과 사회에 공헌해야 한다. 세상과 사회를 위해 일하는 것이 기업을 위대하게, 직원을 행복하게 만든다. 이것이 바로 행복경영의 핵심가치다.

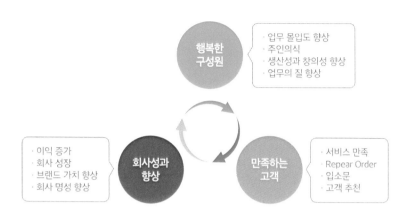

왜 행복경영을 추구해야 하는 걸까? 행복경영을 추구해야 하는 것은 경영의 궁극적 목적, 수단, 방법을 넘어서 경영의 본질이자 최고의 가치가 되어야 하지만 행복경영이 가져다주는 효과를 살펴봄으로써 행복경영을 추구해야 하는 이유를 말하고자 한다.

첫째, 단기적 이익 창출 및 지속적 성장을 위한 장기적 이익유지를 가능하게 한다. 행복경영은 직원들에게 동기 부여를 해주는 것과 동시에 직원을 포함한 이해관계자의 행복을 극대화함으로써 이해관계자로부터 극진한 사랑과 신뢰, 존경을 받고 그들의 끊임없는 적극적인 응원과 전폭적인 지지 속에서 단기적 이익 창출은 물론 지속적으로 이익이 유지되고 더욱더 창출될 수 있도록 만들어 준다.

둘째, 기업의 안정적 성장이 가능하도록 이끈다. 최근 들어 사회전체적으로 물질만능주의나 성과지상주의에서 벗어나 사람에 주목하는 큰 흐름이 형성되고 있다. 물론 이전에도 기업과 경영의 핵심에는 사람이 있었으나 지금은 그 어느 때보다 사람의 중요성이 커지고 있다. 근래에 이르기까지 지식, 창조, 상상, 고객 만족, 고객 감동, 윤리경영 등 모두 사람에게서 출발하는 개념이다. 행복경영은 이러한 사람들의 행복을 핵심으로 한다. 기본적으로 직원이 행복을 느끼는 기업이나 조직은 생산성과 사기가 매우 높고 이직률이 낮을 뿐만 아니라 행복경영은 직원의 회사에 대한 충성도를 높이고, 상품 및 서비스에 대한 고객의 충성도를 높임으로써 기업이 안정적이며 지속적으로 성장 발전하도록 이끈다.

셋째, 사회 전체의 행복을 극대화할 수 있도록 해준다. 현대사회에 있어서는 사회에 가장 많은 영향을 미치는 것이 기업의 활동이며 앞으로 더욱 더 그 영향력은 커질 것이다. 기업 활동에서 이익은 매우 중요하지만 그것은 기업이 세상과 사회에 지속적인 공헌을 하기 위해 필요한 것이다. 기업은 직원의 행복을 위해 최선을 다해야 한다. 그렇게 해서 직원이 행복해지면 직원은 기업의 존립 근거가 되는 고객 행복을 위해 최고의 상품과 서비스를 제공하게 된다. 또한 기업과 직원은 혼신의 힘을 다해 사회를 위한 가치를 창출함으로써 사회의 행복에도 기여해야 한다.

넷째, 업계에서의 위상 정립 및 직원의 자부심을 고취시킬 수 있다. 행복경영을 추구하는 기업은 사회적으로 기업의 평판과 신뢰를 쌓고 브랜드 가치를 높여 고객이 회사를 찾게 하고 업계 선도기업으로 나아감으로써 업계로부터 존경과 부러움을 한몸에 받게 된다.

행복경영을 추구하는 기업의 직원은 열정과 헌신을 다해 고객을 감동시키고 자긍심과 자부심이 높은 직원이 되어 높은 성과를 낸다. 행복감과 자부심으로 가득 찬 직장인이 넘쳐나는 기업이 높은 성과를 내는 것은 당연한 일이다. 직장 생활에서 행복을 느끼면 업무에 대한 만족도가 높고 모든 일에 긍정적이고 적극적으로 임하기 때문이다.

마지막으로, 기업과 직원의 최종 목표인 비전 및 가치실현을 가능하게 만들어 줌으로써 위대한 기업, 장수기업이 되도록 해준다.

탁월한 실적을 내면서 장수하는 기업은 단순히 눈앞에 놓인 이익을 보고 기업 활동을 하는 것이 아니라 고객이 필요한 것을 먼저 찾아 그들을 행복하게 해주고 세상을 살기 좋은 곳으로 만들겠다는 대의를 우선하고 그 대의를 실현함으로써 기업의 비전 및 직원의 가치실현을 가능하게 만들어 준다.

행복경영은 현실 가능한 최고의 가치다

앞에서 기업이 장수기업이 되고 위대한 기업으로 성장 발전하려면 이해관계자 모두의 행복을 추구해야 한다는 사실을 말하였다. 당신은 혹시 행복경영이 단순한 이상이나 꿈에 지나지 않으며 현실 불가능하다고 생각하는가? 다시 한 번 강조하여 말하자면 행복경영은 진정으로 현실 가능한 최고의 가치와 비즈니스 전략이다. 직원이 행복하고 고객 만족에 대한 확실한 인식을 지니고 있다면 이들은 주도적으로 고객 행복을 이끌어내고 이는 회사의 성장 발전의 확실한 원동력이 되고, 이는 다시 직원 행복으로 이어져 선순환관계를 이룰 수 있다. 궁극적으로 행복경영은 일터를 행복하게 가꿔 직원이 행복해지면 그것은 고객행복, 주주행복 나아가 사회행복으로 이어진다. 이는 사람을 중심에 두고 이들을 그 어떤 가치보다 최우선 해야 한다는 것을 기반으로 하고 있다. 행복경영은 결국 사람이 사람을 행복하게 하는 경영이다. 아무리 이야기 해도 직접 눈으로 보기 전까지는, 몸으로 체험하기 전까지는 믿지 못하겠다고 말하는 사람도 있겠지만, 사실 믿음과 관심을 가지고 살펴보면 보이게 마련이다. 현실적으로 시스코 시스템즈(Cisco Systems), 월트 디즈니(Walt Disney)등과 같은 널리 알려진 기업의 많은 경영자들이 직원의 행복에 관심을 쏟고 있으며 덕분에 다른 기업과 달리 엄청난 성과를 거두고 있다.

② 우리는 왜 일하는가?

**일이란
무엇인가?**

'일이란 무엇인가?'라는 질문에 답한다는 건 '삶이란 무엇인가?'라는 물음에 답하는 것만큼이나 어렵다. 비록 수많은 책을 읽고 수많은 사람을 만나고 수많은 질문을 던져도 결국 하나의 메시지로 정의하기는 매우 어렵다.

어떤 사람은 일에 대해 상당히 부정적인 시각을 가지고 있고 또 어떤 사람은 일이 삶의 목적이라고 말할 정도로 긍정적인 시각을 가지고 있다. 일은 시대에 따라 조금씩 그 개념이 달라지고 있다. 동서고금의 역사적 문헌들을 살펴보면 일은 인간에게 내려진 하나의 저주이기도 하고 하나의 축복이라고 나와 있다.

이렇듯 상반된 의견들이 나타나는 이유는 무엇일까? 조안 B. 사울라의 「일의 발견」에서 살펴보면 영어에서 '일'을 뜻하는 단어 'work'는 한 개인의 일반적인 행동, 실행하는 것, 행위, 조처, 업무, 행해지는 것 혹은 이미 정해진 어떤 것, 어떤 사람이 행하거나 이미 행한 것'이라고 정의되어 있다. 어원은 10세기 고대영어의 명사 '위르크(woerc)'와 동사 '위르칸(wyrcan)'에서 파생되었다. 말하자면 '일'은 인간이 하는 모든 행동'이라 할 수 있고 '일'이라는 단어는 인간 활동에 매우 일반적으로 적용되는 용어인 셈이다.

그런데 우리는 대개 성인이 되면 어떤 행동을 할 때 '개인적인 일'과 '사회적인 일'로 구분하게 된다. 개인적인 일은 '즐기는 일'이라고 받아들이는 반면, 사회적인 일은 '어쩔 수 없이 해야만 하는 노동'으로 여기는 경우가 많다. 하지만 우리가 일에서 즐거움을 찾기 위해서는 바로 자신의 일에서 의미를 찾아내고, 그 의미를 일하는 동력으로 사용하여야 한다.

아침 출근 시간과 퇴근 시간에 강남역 앞에서 사람들 표정을 본 적이 있는가? 강남역 앞에서 사람들 표정을 보는 일은 가끔은 흥미롭다는 생각을 해보게 된다. 아침 시간에 삶에 찌든 무표정한 모습이지만 저녁 시간 강남역은 그야말로 파티장을 연상하게 한다.

왜 그럴까? 정답은 사람들이 일을 지겨워하기 때문이다. 대부분의 사람들은 직장 생활을 힘들어하고 괴로워하기까지 한다. 출근 시 영혼을 집에 두고 온다고나 할까? 일반적으로 직장인들에 있어서 직장이란 그저 먹고 살기 위한 방편일 뿐이다. 지겹고 하기 싫고 벗어날 수만 있다면 벗어나고 싶은 곳이다.

하지만 정말로 그럴까? 한 사람이 죽어서 하늘나라에 갔다. 세상에 그렇게 좋을 수가 없다. 느지막이 일어나 매일 놀 수 있었다. 저녁이면 산해진미를 쌓아놓고 미녀들과 희희낙락 한다. 좋아하는 영화도 실컷 볼 수 있고, 여행도 원할 때 언제든지 갈 수 있다. 자고 싶을 때 자고 일어나고 싶을 때 일어날 수 있다. 자기 일을 간섭하는 사람도 없다. 몇 달이 지나자 슬슬 일이 하고 싶어졌다. 그래서 하늘 나라 책임자에게 일을 좀 달라고 했다. 하지만 하늘나라 책임자는 정색을 하며 "당신 소원을 다 들어줄 수 있지만 일은 절대 줄 수 없다"라고 말했다.

화가 난 이 사람은 어려운 소원도 아닌데 뭘 까다롭게 구느냐고 화를 내면서 그렇다면 차라리 지옥을 가겠다고 자청한다. 책임자는 그 사람에게 묻는다.

"당신 생각에 이곳이 어디인 것 같나? 이곳이 바로 지옥이다"라고 답했다

물론 이 이야기는 약간은 비약적인 부분은 있으나 실제로 직장생활을 그만 둔 많은 직장인은 한두 달만 지나고 나면 일이 하고 싶어진다고 한다.

사실 일은 신성한 것이다. 세상에 일만큼 싫증 내지 않고 오래할 수 있는 것은 없다. 매일 놀면서 자부심을 가질 사람은 없다. 평생을 놀다가 죽으면서 "나는 원 없이 놀다 죽어서 행복하다"라고 얘기할 수 있는 사람은 아마 없을 것이다. 일이 소중한 것은 자부심을 주기 때문이다. 일을 통해 우리는 세상에 기여하고 사회에 도움이 된다는 느낌을 갖는다.

일이란 매일 먹을 양식을 얻을 수 있을 뿐만 아니라 매일을 의미 있게 사는 방법이며, 경제적인 부분만이 아니라 인정을 받기 위한

것이며, 지겨움이 아니라 놀라움을 위한 것이다. 일은 일하는 사람에게 자유, 경제적 보상, 사회적 인정 및 미래에 대한 희망을 가져다준다. 스스로 원해서 하게 되는 일은 물리적으로, 심리적으로, 영적으로 만족을 준다.

왜 일을 해야만 하는 걸까?

모든 직장인들에게 '일을 하는 이유가 무엇인가?'라고 묻는다면 한결같이 우선순위에서 다소 차이가 있을 뿐 먹고 살기 위해서라고 이야기한다. 물론 우리가 일을 하는 가장 근본적인 목적은 자신이 먹고 사는 문제와 가족의 생계를 위함이 최우선적이지만, 일을 하는 이유는 우리가 그저 살기 위해서만 먹는 것이 아닌 것처럼 그보다 더 많은 본질적인 가치가 있다는 것을 인식하여야 한다.

일은 사람에게 행복을 준다. 자신의 일을 좋아하고, 하는 일에 몰입하고 있는 사람은 행복하다. 본인도 행복하고 이를 지켜보는 사람 또한 더불어 행복을 느낄 수 있다. 상대를 설득하기 위해 품의서를 열심히 쓰는 사람, 고객을 끌기 위해 아이디어를 짜내는 사람, 신제품을 위해 실험실에서 땀을 흘리는 사람, 새로운 프로젝트를 성사시키기 위해 여러 부서를 다니며 업무협조를 구하는 사람은 행복한 사람이다.

일이 즐거우면 인생은 천국이지만 의무에 불과하면 인생은 지옥이 된다. '행복이란 할 일이 있는 것, 바라볼 희망이 있는 것 그리고 사랑할 사람이 있는 것이다'라는 중국 속담도 있다.

일은 건강을 준다. 건강을 해치는 최선의 방법은 하기 싫은 일을 억지로 하는 것이다. 그렇게 되면 몸과 마음이 따로 놀게 된다. 자꾸 실수하고, 성과가 나지 않으면 잔소리를 듣게 된다. 이러다 혹시나 짤리지는 않을까? 짤리면 어떻게 먹고 살 것인가라는 걱정을 하게 된다. 그러다 스트레스가 생겨 건강을 해치게 된다.

마지못해 일을 하면서 미래에 대해 온갖 걱정을 하는 것은 건강을 해치는 지름길이다. 좋아하는 일을 하는 것, 좋아하지는 않더라도 하는 일을 좋아하려고 노력하는 것, 일에서 의미를 찾는 것은 건강을 위한 최선의 방법이다.

건강을 위해서 일을 하라는 것이 아니고 일에서 보람을 느끼면 건강은 부산물로 쫓아온다. 우리 주위에서 일에 보람을 느끼면서 역동적으로 살아가는 사람들은 건강한 인생을 살아가는 것을 흔히 볼 수 있다.

'일은 입맛이며 최고의 베개다'라는 말이 있다. 무엇보다 일은 사람을 반듯하게 만든다. "일하기 싫거든 먹지도 말라"는 사도 바울의 얘기는 일하지 않고 편하게만 살려는 것이 얼마나 잘못된 생각인지를 일깨워 준다.

열심히 일을 하면서 우리는 삶에 대해 알아가는 것이다. "일하지 않는 사람은 절대 올바른 생각을 할 수 없다. 게으름은 비뚤어진 마음을 갖게 만든다. 긍정적인 행동이 따르지 않는 사고는 병균과 같다"라고 핸리 포드는 이야기했다.

　일에서 행복을 느낄 수 없다면 겉도는 인생일 뿐이다. 그렇지만 처음부터 일에서 즐거움을 느낄 수 있는 사람은 없다. 좋아하는 일을 찾고 자신이 하는 일을 좋아하기 위해서는 시간이 걸리고 비용을 지불해야 한다. 그리고 그것을 찾을 수 있게 도와주는 것이 바로 직장이다. 직장과 일이 내게 어떤 의미를 가졌는지를 다시 한 번 새롭게 인식해보는 것이 행복으로 가는 첫 단계다.

나는 무슨 일 하며 살아야 할까?

　　　　　당신과 당신의 일을 사랑하라. 그리고 당신이 하고 싶은 일을 하라. 인생은 짧고 한정되어 있다. 인생의 목표를 선택할 때 자신이 할 수 있는 일이 무엇인지 먼저 생각해보아야 한다. 그중에서 하고 싶은 일들을 선택하고 다시 그중에서 정말 하고 싶은 일들로 선택의 폭을 줄여라. 마지막으로 그중에서 정말로 하고 싶은 일을 선택해서 그 일을 하라

　사람은 자신이 참으로 하고 싶은 일을 하면서 살 수 있어야 한다. 자신이 하는 일을 통해서 자신이 지닌 잠재력을 발휘하고 삶의 기쁨을 누려야 한다.

　세상에는 당신이 상상하는 것보다 훨씬 많은 여러 가지 직업이

있다. 그런데 그 일이 참으로 좋아서 하는 직업인이 얼마나 될까? 대개는 그 일이 좋아서 그리고 하고 싶었던 일이어서가 아니라 수입과 생활의 안정을 위해 어쩔 수 없이 선택한 경우가 허다하다. 그렇기 때문에 자신이 하는 일에 애착도 지니지 않고 책임감도 느끼려고 하지 않는다.

이렇게 되면 일과 사람이 겉도는 불성실한 직업인이 될 수밖에 없다. 사람이 일을 하지만 그 일에 흥미가 없으면 일과 사람은 하나가 될 수 없다. 자신이 하는 일에 흥미를 가지고 책임을 느낄 때 사람은 그가 하는 일을 통해서 인간이 되어 간다. 언제까지 다람쥐 쳇바퀴 돌리듯 무료한 삶을 살 것인가? 그러기엔 우리 인생은 길고도 짧다.

직장에는 정년이 있지만 인생에는 정년이 없다. 흥미와 책임감을 지니고 활동하고 있는 한 그는 아직 현역이다. 인생에 정년이 있다면 탐구하고 창조하는 노력이 멈추는 바로 그때다. 그것은 죽음과 다름이 없다.

타율적으로 관리된 생활방식에 길들여지면 자율적으로 자신의 삶을 개선하고 심화시킬 그 능력마저 잃는다. 자기가 하는 일에 흥미와 의미를 느끼지 못하면 그는 하루하루 마모되어 가는 기계나 다름이 없다. 자기가 하는 일에 자신의 인생을 송두리째 걸고 인내와 열의와 정성을 다하는 사람만이 일의 기쁨을 누릴 수 있다.

한때 필자와 같은 회사에 근무하였던 송 씨는 성실한 업무태도 및 엘리트 출신으로 주위의 인정을 받으며 직장 생활을 하였다. 나름대로 미래도 어느 정도 보장된 듯 보여졌으나 어느 날 갑자기 사표를 내고 회사를 그만두었다. 나중에 알고 보니 송 씨는 평소 산을 좋아하여 산에서 근무하고자 하였다. 국립공원 관리공단 시험을 준비하기 위해서 회사를 그만두었던 것이었다. 결국 송 씨는 국립관리공단 시험에 합격하여, 자신이 하고 싶은 일을 하며 행복한 인생을 살아가고 있다.

인생의 행복을 진정으로 원한다면 진정으로 하고 싶은 일을 찾아라. 필자는 이 책을 쓰는 내내 긴장감과 냉정함을 잃은 적이 없었다. 하지만 '바로 하고 싶은 일을 하라'를 쓰면서 갑자기 주체 못할 감격의 눈물을 흘렸다. 이 눈물은 진정으로 필자가 하고 싶어서 하는 일을 하고 있음에 대한 행복의 눈물이었다.

누구나 한 번쯤 일을 하면서 가슴 벅찬 행복을 느꼈던 일이 있을 것이다. 바로 그 일이 진정으로 하고 싶은 일이 아닐까 싶다. 자신이 하고 싶은 일이 곧 천직이다

천직은 자신의 존재 의미를 깨닫게 만든다. 천직, 당신은 바로 그 일을 하기 위해 이 세상에 태어난 것이다. 천직을 통해 당신은 자신의 일에 대해 즐거움과 보람을 느끼는 동시에, 세상에도 중요한 공헌을 할 수 있게 될 것이다.

그 일에 전심전력을 기울이라. 그래서 당신의 인생을 환하게 꽃피우라.

어떻게
일해야 할까?

우리의 직장 생활은 즐겁든지 고통스럽
든지 유한하다. 그렇기에 누구든지 직장 생활을 처음 시작할 때와
같이 최선을 다해 충실하게 해야 한다. 직장인이라면 누구나 한 번
쯤은 들었을 존 퍼먼의 『모든 것은 당신에게 달려 있습니다』에 나
오는 어느 목수의 이야기를 통해 우리가 순간순간 어떻게 일해야
할지를 깨달아야 할 것이다.

한 나이 많은 목수가 은퇴할 때가 되었다. 어느 날 그는 자신의
고용주에게 지금부터는 일을 그만 두고 자신의 가족과 여생을 보
내고 싶다고 말하였다. 고용주는 가족의 생계가 걱정되어 극구 말
렸지만 목수는 여전히 일을 그만두고 싶어 했다. 목수는 앞으로도
잘 살아갈 수 있다고 자신 있게 말하였다. 고용주는 훌륭한 일꾼
을 잃게 되어 무척 유감이라고 말하고는 마지막으로 손수 집을 한
채 더 지어줄 것을 부탁하였다. 목수는 알았다고 대답했지만, 마
음은 이미 일에서 멀어져 있었다. 그리하여 그는 형편없는 일꾼들
을 급히 모으고 조잡한 원자재를 사용하여 집을 대충 지었다. 집
이 완성되자 고용주가 집을 보러 왔다. 그러나 그는 집을 보는 대
신 목수에게 현관 열쇠를 쥐어 주면서 "이것은 당신의 집입니다. 오
랫동안 당신이 저를 위해 일해준 보답입니다"라고 말하였다. 목수
는 자신의 귀를 의심하고는 커다란 충격을 받았다. 부끄러워 몸 둘
바를 몰랐다. 왜냐하면 만일 목수가 자신의 집을 짓는다는 사실을

알았다면 그는 완전히 다른 방식으로 집을 지어 100년이 지나도 수리를 할 필요가 없는 튼튼한 집을 지었을 것이다. 그랬더라면 그는 더 이상 수리할 필요가 없는 훌륭한 집에서 살 수 있었을 것이다. 대부분의 직장인들은 목수와 같이 일하고 있다. 주어진 환경에서 최선의 노력을 다해 충실하게 일하기보다는 단지 할 수 있는 만큼만 적당히 하면서 차선책으로 견디려 할 것이다. 하지만 우리 인생에서 가장 중요한 것을 선택하여 최선을 다해 일하지 않는다면 모든 일엔 반드시 아쉬움과 후회를 남기게 될 것이다. 현재의 일에 최선을 다한다면 반드시 좋은 결과가 뒤따르게 될 것이다. 단 하루를 일하더라도 일을 소중하게 생각하고 감사하는 마음으로 일할 필요가 있다. 오늘의 모습은 과거에 선택한 것이며 오늘의 일에 대한 태도와 선택은 반드시 내일의 삶에 영향을 미친다는 사실을 명심하기 바란다.

우리는 행복한 직장을 꿈꾸고 희망한다

누구나 어렵다는 취업의 문턱을 이제 막 넘어 직장 생활을 앞둔 예비 직장인들부터 지금 행복하지 않은 직장인, 앞으로 행복해지고 싶어하는 직장인도 한결같이 행복한 직장을 꿈꾸고 희망한다. 우리가 꿈꾸고 희망하는 직장은 사실 남들에게 자랑하거나 과시할 수 있는 직장이나 더 많은 연봉을 제시

한 곳이 아니라 일에서의 즐거움과 든든한 지원군이 되는 좋은 동료, 일과 직장 생활의 균형을 이루면서 성취와 보람을 누리면서 한 단계씩 성장하고 성숙해 갈 수 있는 곳이다. 우리는 좋은 회사에 취업을 하고 싶다. 생계에 위협을 받지 않고 그저 안정적으로 살고 싶다. 땀 흘리며 열정을 쏟아 노력한 만큼 능력을 인정 받으면서 높은 직위까지 오르고 싶다 등 다양하게 바라는 것을 하나씩 머리에 그리고 가슴에 담고서 좀 더 나은 행복한 직장 생활과 더 나은 희망적인 미래를 꿈꾸며 설계한다. 그리고 그 꿈 하나하나가 모여 자신의 미래가 푸르게, 풍성하게 영글게 될 것이라고 믿는다. 그렇다면 정작 우리는 스스로 직장 생활과 일에서의 행복을 위해서 어떤 노력을 하고 있는가? 더 행복해지기 위한 노력으로 무엇을 하고 있는가? 행복은 우리가 느끼는 긍정적이고 즐겁고 풍요로운 마음 상태이기 때문에 우리가 어떻게 생각하고 느끼는지에 따라 사람마다 다르게 나타난다. 하지만 분명한 사실은 아마도 모든 직장인들이 과거에도 행복을 위한 어떠한 행동과 선택을 했고 행복한 직장 생활을 위한 현재의 행동과 선택들이 미래에 결과로 나타난다는 것을 알 것이다. 행복은 우리가 살아가는 직장 생활 속에 있으며, 우리 곁에 머물러 있으면서 우리가 느끼고 생각하고 행동하는 것들 안에서 나타나기 때문이다.

자신이 꿈꾸고 희망하던 직장 생활 모습을 조망하면서 조금 더 행복해지고 성숙해질 수 있는 방법을 찾아보자. 우리가 지금 있는 이 자리에서 행복하지 않으면 과연 언제 어디에서 행복할 수 있을 것인가? 지금 당장 현재에서 행복을 찾도록 하자. 만약 지금보다 더 나은 직장 생활을 꿈꾸고 희망하고 있다면 그에 앞서서 스스로의 일과 직장 생활을 진실하게 돌아보자. 그리고 일과 관계에서 지친, 일상의 소소한 행복을 찾도록 하자.

대한민국 직장인들의 행복 지수는?

최근에는 행복한 직원이 고객의 만족을 높이고 이것이 기업 성과 창출의 원동력이 된다는 새로운 패러다임이 확산되고 있다. 이러한 시대적 흐름에 맞춰 직원들의 행복을 챙기려는 우리 기업들의 노력도 다양하게 이루어지고 있다. 각종 복리후생 제도나 사내 이벤트 등을 통한 즐겁고 활기찬 분위기 조성 활동으로 높은 업무 강도로 스트레스에 노출되고 지쳐 있는 직원들에게 활력을 북돋우는 기업도 있고, 각종 자기계발 및 교육훈련, 경력개발프로그램 등의 지원을 통해 개인 성장 및 발전을 지원함으로써 업무 동기 및 의욕을 높이는 기업도 있고, 경조사 지원, 건강관리 지원, 은퇴지원 등 생애주기별 지원프로그램과 안식휴가제, 탄력근무제, 육아휴직, 심리상담, 가족관계 증진 프로그램 운영을 통한 일과 삶의 균형을 추구하도록 만들어주는 기업도 날로 늘어나고 있다. 각 기업들마다 '신바람 경영' '펀(Fun) 경영' '휴休 경영' '행복 경영' 등 내세우는 슬로건은 각양각색이지만 직원들의 건강을 챙기고 좀 더 즐겁고 행복하게 일할 수 있는 일터를 만들고자 하는 목적은 동일하다.

그렇다면 지금 우리 사회의 성장 원동력이 되어온 직장인들의 행복지수는 어느 정도일까? 10년 전쯤 LG경제연구원 조사보고서에 따르면 대한민국 직장인의 행복지수는 51.5점으로 나타났으며 최근 삼성경제연구소 조사보고서에 의하면 대한민국 직장인의 행복지수는 100점 만점에 평균 55점에 불과했고 행복지수가 높은 직원일수록 성과가 높고 조직 발전에 기여하는 것으로 조사됐다. 10년 정도의 세월이 지났음에도 여전히 우리 직장인들의 행복지수는 제자리걸음을 걷고 있는 셈이다. 기업들이 직장인들의 행복에 관심을 가졌다고 해서 직장인의 행복이 크게 개선되고 있는 것 같지는 않다. 이제는 직장인 스스로도 행복 찾기에 나서야 할 것이다. 흔히 치열한 전쟁에 비유되는 직장 생활이라고 할지라도 개인 노력 여하에 따라 충분히 만족도는 크게 달라질 수 있기 때문이다. 앞으로 좀 더 많은 직장인이 행복한 일터에서 웃으면서 일할 수 있기를 기대해 본다.

왜 일이 행복하지 않은 것일까?

직업과 직장에 대한
환상을 버리자

　　　　　　　　　　　자신이 좋아하는 일, 즐겁고 보람 있는
일에 대한 꿈을 안고 시작한 직장, 칼퇴근, 내게 기쁨과 만족을 주
는 일, 전문적인 일을 배우는 곳, 좋은 상사와 동료와의 편안한 관
계, 웃음과 배려가 넘치는 분위기, 높은 수준의 월급, 쾌적한 사무
실, 자신의 생각이나 주장이 잘 받아들여지고, 일한 만큼 보상을
받는 곳, 이것이 바로 보통 직장 생활을 시작하는 직장인들의 직장
에 대한 환상이다.

　하지만 그곳에서 마주한 냉철한 현실에 많은 직장인이 당혹해 하
거나 인생에 대한 회의감마저 느끼게 된다. 해야 하는 일보다는 하
고 싶은 일이 먼저였던 20대를 지내고 많은 직장인이 당당한 사회
의 일원을 꿈꾸며 입성한 직장이 꿈에 그리던 것과는 완전히 딴판
이라고 한다. 그야말로 일장춘몽 같은 시작, 시간이 갈수록 직장
생활의 만족도는 낮아진 채 하루하루를 쳇바퀴 돌 듯 살아가게 되

는 것이 직장인들의 일상이 된다. 행복하다고 당당히 말할 수 있는 직장인은 찾아보기 힘든 현실이다. 매주 일요일 저녁이면 가슴이 답답해 오고, 월요일마다 두통에 시달리고, 그토록 원하던 사무실 안의 내 자리를 금방이라도 박차고 나가고 싶은 순간도 수시로 찾아온다. 한 달에 한 번 통장에 찍히는 급여만 기다리며 한 달을 버틴다. 수많은 직장인이 '이건 내가 꿈꾸던 직장 생활이 아니야!'라는 생각을 반복하면서도 또 하루하루를 고통스럽게 버텨낸다. 자신의 일을 천직이라 믿고 힘들어도 보람을 느끼며 일하던 것은 어느덧 호랑이 담배 피던 시절 이야기가 되어버렸다. 이제는 단지 '돈'을 벌기 위해 일하는 시대가 되었다. 어쩔 수 없는 시대 흐름이라고 그냥 넘겨버리기엔 뭔가 서글픈 현실, 도대체 왜 이렇게 되었을까? 그렇다고 직장이 지옥 같은 곳, 괴로움만 주는 곳, 일 외엔 아무것도 기대할 수 없는 곳만은 아니다. 직장 생활이 즐거움이 될 수도 있고, 직장 안에서 좋은 인간관계도 얼마든지 맺을 수 있다. 분명히 깨달아야 할 것은 TV나 소설에서 등장하는 성공한 직장인들의 삶은 환상이라는 것이다. 좋아하는 일을 하면서 높은 보수를 받고 사람들로부터 인정받으며 만족과 즐거움을 무한정 느끼는 것은 불가능하며 가능하다고 해도 일시적일 뿐이다. 세상에는 내가 하고 싶은 대로 하면서 돈도 많이 버는 일은 거의 없다. 아무리 좋아하는 일도 한두 시간만 지나면 지겹고 힘들어진다. 놀이도 억지로 하라고 하면 싫어하는 것이 사람의 본성이다. 하물며 일은 말할 필요가 있겠는가? 우리가 환상을 품게 되는 것은 광고와 드라마, 소설이 만들어낸 허상 때문이다. 이런 허상과 현실과의 괴리로 인한 고통을 이겨내고 극복하려면 자신에게 중요한 것이 무엇이고 중요하지 않은 것이 무엇인지를 가려내는 혜안이 필요하다.

직장인들이여! 행복하고 싶다면 직장에 대한 환상에서 벗어나야 한다. 직장에 대한 환상은 높은 연봉, 빠른 승진, 미래에 대한 비전을 모두 제공해주는 최고의 회사를 꿈꾸고 이 모든 것을 한꺼번에 얻으려는 욕심에서 비롯된다. 욕심을 버리고 어떤 일이든지 내가 하는 일에서 일의 의미, 열정, 성취와 만족감 같은 내재적 가치를 찾도록 하자. 그래야 직장에서의 소소한 일상의 즐거움도, 직장 동료와의 관계도 긍정적으로 바뀔 수 있다. 이제부터 월급날만 기다리는 가난한 월급쟁이가 아니라 내가 하는 일의 의미와 즐거움을 좇는 풍요로운 직장인이 되어야 한다. 직장에서의 성공에만 전념하기보다는 직장에서의 행복한 생활을 해나가는 지혜를 찾는 것이 더 현명한 선택이다. 당신이 성공만을 꿈꾸며 일한다면 직장 생활이 끝나는 날까지 고생의 연속이 될 가능성이 크지만, 당신이 소소한 행복을 꿈꾸고 만들어 가는 지혜를 얻는다면 직장 생활이 끝나는 날까지 행복의 연속이 될 가능성이 크다. 아울러 성공은 덤으로 얻을 가능성도 매우 커질 것이다.

내게 맞는 완벽한 직장은
지구 상엔 없다

이 세상에 내게 맞는 완벽한 직장이 존재할 수 있을까? 굳이 결론을 말하자면 그런 직장은 애당초 존재하지 않으며, 최적의 직장만이 존재할 뿐이다.

회사는 실업자를 구제하기 위한 사업을 하는 곳이나, 직장인이 개개인의 특성이나 적성 등을 고려하여 스스로 좋아하는 일만 하고 원하는 만큼만 선택해서 할 수 있는 곳이 아니다. 즉 내게 맞는 완벽한 직장은 절대로 지구 상엔 존재하지 않는다는 것이다.

회사에서 왜 당신에게 월급을 주는가? 이것은 직장 생활을 하는 동안 지속적으로 자신에게 묻고 대답해야 할 중요한 질문 중 하나다. 직장인이라면 누구나가 할 것 없이 회사로부터 정해진 급여를 받는 대신 회사의 지속적인 성장과 발전을 위하여 해야 할 일이 있다. 실적을 채우기 위해 온갖 어려움을 극복해야 하고 때로는 그 결과에 따라 공공연한 비난과 질책도 감수해야 한다. 회사로부터 왜 월급을 받는지 그 대가로 회사가 원하는 것은 무엇인지 분명하게 알고 있는 사람은 자신의 능력을 제대로 발휘할 수 있고, 더 많은 급여와 안정된 지위를 얻을 가능성이 매우 크다.

사실 직장이란 일 외엔 기대할 것이 그리 많은 곳이 아니다. 물론 경우에 따라서 자신의 삶과 직장의 삶이 균형되고 조화롭게 어우러진 행복한 직장 생활을 하는 경우도 더러 있기는 하나 절대다수에게는 마냥 상사나 고객에게 괴로움을 당하고 동료와의 경쟁이 불꽃 튀는 곳까지는 아닐지라도, 직장 생활이 즐거움이 되지는 않는다. 그렇다 하더라도 자신을 직장에 맞추어 즐겁게 생활해야 한다. 그러기 위해서 어떻게 일을 할 것인가를 아는 것도 직장 생활의 지혜이자 노하우다.

혼히 직장인이 저지를 수 있는 가장 큰 실수 중 하나가 회사를 위해 일하고 있다는 생각이다. 결코 회사를 위해, CEO를 위해 일하고 있다고 생각해서는 안 된다. 그러한 생각을 하는 순간부터 일을 대충 해도 된다는 유혹에 빠지게 되기 쉽고, 일에 대한 보람도 가치도 사라져버리고 만다. 결국은 직장 생활의 행복은 온데간데없고 직장 생활의 고통만 느껴지게 될 것이다.

회사에서 성공하는 사람과 그렇지 못한 이의 차이는 백지 한 장 차이이다. 학벌도 실력도 운도 성공하는 사람을 말리지 못하고 실패하는 사람도 구제하지 못한다. 직장을 바라보는 눈, 동료와 고객을 대하는 마음, 일을 처리하는 자세가 작은 성공과 행복을 만들고 작은 성공과 행복이 모여 큰 성공과 행복이 된다. 내게 맞는 완벽한 직장은 찾을 수 없다 할지라도 직장에 나를 완벽하게 맞추는 것은 현실적으로 가능한 부분이다. 그러므로 직장에 맞춰 스스로 일에 대한 보람과 가치를 찾고 거기에서 소소한 즐거움과 행복을 느끼도록 하자.

경쟁이나 비교에 행복을 낭비하지 말자

직장 생활의 시작도 당신이고 직장 생활의 끝도 당신이어야만 한다. 직장 생활의 행복은 당신을 위한 것이다. 당신의 직장 생활도 결국은 인생의 행복을 위해서인 것이다. 행복을 최우선순위로 두는 것을 망설이지 마라. 그러나 행복을 추구하는 것은 결코 경쟁이 아니다. 진정한 행복은 타인과 자신을 비교하지 않고 자신을 가로막는 마음의 빗장을 풀 때 얻을 수 있다.

우리는 스스로를 끊임없이 남과 비교하는 습성이 있다. 연봉, 성과, 직급을 비교하고 능력까지 비교하는, 어떤 상황에서든 직장 내 동료와 비교하는 것에 익숙하고 심지어 동종업계나 타업종의 직장인들과도 비교를 하면서 살아간다. 오죽하면 '남의 떡이 커 보인다'는 속담까지 있을까?

이렇게 끝없이 남들과 비교하는 마음은 조금이라도 다른 사람보다 더 우위에 서고 싶은 마음에 근거한다. 그럼으로써 남들보다 더 인정받고 더 성공하고 더 잘나가고 싶으며, 더 많은 힘을 가지고 있음을 확인하고 싶은 것이다. 사실 이런 비교 심리는 거의 생물학적 본능이라고 할 수 있다. 아이들이 자라나는 과정에서도 우리는 그런 현상들을 적나라하게 살펴볼 수 있다. 첫째는 둘째 아이가 태어나면 어느 날 갑자기 엄마의 품과 젖을 빼앗고 온 가족의 사랑과 관심을 앗아 간다고 생각한다. 그러면 동생이 얄미울 수밖에 없다. 오죽하면 카인이 동생인 아벨을 시기 질투하여 살인을 저질렀겠는가?

우리는 삶에서도 직장 생활에서도 모든 것들에 대해 비교와 경쟁을 통해 치열한 삶을 살아간다. 그런데 비교가 지나쳐 아주 사소한 것까지도 타인과 비교하고, 아무것도 아닌 것에 일희일비하는 사람들이 있다. 분명한 건 비교하고 경쟁하는 삶이 얼마나 인생을 불행하게 만드는가 하는 것이다.

물론 단기적으로 볼 때는 비교가 경쟁심을 촉발시켜 스스로 더욱 분발하게 되므로 긍정적인 측면이 분명 있다. 하지만 장기적으로 본다면 지나친 비교와 경쟁은 도전 정신과 새로운 세상을 경험하고 배울 수 있는 인간 본연의 행복을 앗아가 버린다. 예를 들어 비교하는 삶에 얽매여 있다면 취업만 하면 행복하겠다고 하던 사람도, 그 행복도 잠깐 주위에 잘나가는 직장동료를 보면 괜히 속상하고 자신이 초라해짐을 느끼게 됨으로써 결코 행복을 오래 느끼지 못할 것이다.

모든 사람은 각자 나름대로 자기만의 특성과 능력을 가지고서 직장 생활을 영위하고 있으며, 그것은 고유한 것으로 비교될 수 있는 성질의 것이 아니다. 그리고 인생의 목적도 직장 생활의 목적도 남들보다 더 우위에 서기 위함이 아니다. 그저 직장 생활을 더 느끼고 더 즐기고 행복해지면 된다. 인생의 많은 시간을 보낼 직장 생활을 해가는 데 있어서 부질없이 남과 비교하거나 경쟁하는 삶을 살지 말도록 하자.

즐거운 직장 생활은 스스로 창조하고 채워가는 것이지 남이 채워주지 않는다. 앞으로 이 책을 읽어나가면서 자신의 행복을 키울 수 있는 법을 터득하게 된다 하더라도 행복을 만들어가는 요소나, 정도는 제각기 다를 것이다.

| 고단한 직장 살이,
| 보통으로 사는 게
| 쉽지 않다   우리는 보통 직장을 일컬어 총알과 총성

이 없는 전쟁터라고 표현하기도 한다. 그리고 회사에는 별별 사람들도 많다고 이야기한다.

그렇다. 인생이 만만하지 않듯이 인생의 일부분이자 인생의 전부가 되기도 하는 직장 살이 또한 그리 만만하지가 않다. 그래서 고단한 것이며 그냥 보통으로 사는 게 쉽지가 않다. 그래서 다들 직장 생활에서의 일탈을 매 순간 꿈꾸는 것이다.

매일 출근하기 위해 아침에 집을 나서기 전, 즐거운 하루를 보내자는 스스로의 다짐을 위해 'Smile'을 속으로 몇 번을 외치고 집을 나서지만 스마일은 손에 꼽히고 큰 한숨과 세상의 걱정 고민은 혼자서 다 짊어진 것 마냥 심오한⑺ 표정으로 집을 나설 때가 더 많을 것이다. 눈 뜨는 아침부터 세수를 하고 옷을 입고 신발을 신고 집을 나설 때까지 몸과 마음은 축축 처진다. 회사에 입성⑺하기도 전에 오늘도 상사에 시달리고, 수없이 미팅과 협의에 지치고, 해도 해도 끝없는 업무들에 눌릴 생각에 오늘 하루를 또 잘 버텨야 한다는 중압감이 깊은 한숨을 쉬게 만들 때가 한두 번이 아니기 때문이다.

　무거운 발걸음을 이끌며, 문을 나서다가 때로는 극에 달한 중압 감에 '아, 죽었다 깨어나도 회사 가기 싫다'는 마음이 굴뚝같지만 그래도 '이렇게 취업난과 실업률이 심각한 때에 회사 다니는 것에 감사해. 노는 것도 하루 이틀이면 싫증 나는 거야' 하는 맘으로 위로 아닌 위로를 대신하면서 하루를 시작할 것이다. 한 가지 확실한 건 전쟁도 휴전이 있건만 직장 생활에는 회사를 그만둘 때까지 휴전 이란 것이 없다는 거다. 물론 직장 생활이 항상 그렇기야 하겠는 가? 때론 회사에 가고 싶어 기다려지는 순간도 있을 것이고, 직장 생활 10년 이상 견딘 사람들은 바람직하진 않아도 나름의 직장 생활 생존전략을 가지고 있다. 어떻게 해야 살아남을지, 어떻게 해야 고단한 직장 살이를 견뎌낼지 본능적으로 아는 촉이 있는 것이다.

　직장인에게 중요한 것은 어떻게 견뎌냈느냐가 아니라, 어쩌면 견 뎌낸다는 사실 그 자체일지도 모른다. 사람과 사람, 그리고 사람이 함께 하는 직장 생활 사원, 대리, 과장, 부장, 임원, 직급에 상관없 이 직장 살이에 대한 나름의 고충들은 다 있게 마련이다. 그렇다고 그냥 불평만 하고 있을 수는 없는 노릇 아닌가? 세상살이가 다 그 렇듯 직장 생활에서도 나름의 소소한 행복에서부터 큰 행복까지 방법이 있기 마련이다. 비록 신입사원 때의 패기는 온데간데없이 사라졌다 하더라도 내 이름, 내 직위에 부끄럽지 않은 사람이 되겠 다는 다짐은 잊지 말자. 그렇다면 직장 살이 고단함도 봄날 눈 녹 듯 사라질 것이다. 쨍하고 해 뜰 날은 반드시 온다.

❹ 어떻게 하면 일이 행복해질 수 있을까?

**행복해지려고
노력하라**

　　　　　　　　행복은 누구나 원하는 가장 큰 바람이다. 행복은 우리가 느끼는 긍정적이고 즐겁고 풍요로운 마음 상태이기 때문에 우리가 어떻게 생각하고 느끼는지에 따라 다르게 나타난다. 그러나 직장인 대부분은 직장 생활의 행복을 꿈꾸고 희망할 뿐 행복해지기 위한 방법을 찾는 노력은 소홀히 하는 것 같다. 행복을 마치 누군가 가져다주는 행운처럼 생각하는 경우도 많다. 그러나 행복은 우리가 살아가는 삶 속에 있으며 우리 곁에 머물러 있으면서 우리가 느끼고 생각하고 행동하는 모든 것들 안에서 나타난다. 과거에 즐거웠던 기억들을 회상하고 과거로 돌아갈 수 없는 현재의 처지를 비관하거나, 현재 가지고 있지 않은 새로운 환경을 꿈꾸며 지금보다 더 행복할 것이라는 막연한 환상 속에서 살아간다 한들 결코 행복해질 수 없다. 우리의 현재의 행복은 과거에 행복을 위한 노력의 결과이고 미래의 행복은 현재의 행복을 위한 노력의 결과인 것이다. 자신이 가지고 있는 행복에 만족하지 못하고 다른 것에 욕심을 내다보면 그 사람은 언제까지나 만족도 모를 뿐더러 행복을 느낄 수 없을 것이다. 또한 노력하지 않고 신神이 행운을 가져다주기만을 원한다면 이 또한 절대로 행복해 질 수 없을 것이다.

행복은 가지는 사람의 것이고 느끼는 사람의 것이다. 아무도 나를 대신해 없는 행복을 만들어 주지는 못한다. 온전히 자신의 힘으로 노력하고 가져야 하는 것이다. 이런 행복을 가지기 위해서는 본인의 몸과 마음을 잘 다스리는 노력을 하여야 한다.

우리가 어떤 운동을 잘하려면 끊임없이 연습하고 기술을 연마하면서, 최신정보를 알고 있어야 한다. 행복도 마찬가지다. 끊임없이 연습하고 좋은 방법들을 행하기 위한 노력을 지속적으로 하여야 한다.

당신의 직장 생활에 좀 더 많은 행운을 가져다줄 수 있는 연습들에는 체력 단련, 자기계발, 상사 및 동료와의 관계, 개인의 비전과 회사의 비전 일치화, 마음 다스리기, 많이 웃는 것, 의미 있는 일을 하는 것 이외에도 여러 가지 더 많은 연습들이 있다. 중요한 것은 이러한 연습들을 일상적인 직장 생활 속에서 행하고자 부단히 노력해야 한다는 것이다. 이때 당신에게 더 많은 행복이 찾아오는 것이다.

행복해지려고 노력하라. 그러면 불행은 멀어지고 행복은 한층 더 가깝게 될 것이다.

행복한 일터를 여는
비밀코드를 발견하라

당신이 진정으로 직장 생활에서 행복을 찾기를 원한다면 '행복한 일터를 여는 비밀코드'를 발견해야만 한다. 그 비밀코드는 바로 아무도 쉽게 알 수 있는 것도 알려주지도 않는 것이다. 당신이 미처 알지 못했던 일과 직장의 본질, 동서고금을 막론하고 직장 생활에 있어서의 일정한 질서와 규칙, 그리고 너무 늦기 전에 깨달아야 할 행복한 직장의 진실을 깨우치는 것이야말로 당신의 직장 생활 행복이 시작되고 열리게 만들 비법인 것이다.

직장인들은 쳇바퀴 돌 듯 반복되는 과중한 업무와 수많은 야근으로 하루하루를 바쁘게 살아간다. 그런데 현실은 어떠할까? 일터는 점점 보람 없고 냉정하며 무의미한 곳으로 변해가고 있다. 도대체 혼신을 다해 쏟아 부은 회사에 대한 충성심과 열정에 대한 결과는 어떠한가?

힘들게 노력했다면 그에 맞는 보상과 보람, 행복이 따라야 한다. 오늘날 많은 직장인은 어마어마한 업무량과 개인의 희생에 따른 적절한 보상과 보람을 제대로 받지 못할 뿐더러 행복감도 바닥을 치고 있다. 이제 달라져야 한다. 당신도 행복해질 수 있다. 이왕 할 수밖에 없는 직장 생활이라면 행복하게 해야 하지 않겠는가?

| 행복한 일터를 만드는
| 조건을 인지하라

　　　　　　　　행복의 비밀코드를 깨우쳤다면 그것을 바탕으로 행복한 일터를 만드는 여섯 가지 조건을 인지하고 갖춤으로써 보다 나은 행복한 직장 생활을 해나갈 수 있을 것이다. 행복한 일터, 행복한 직장 생활을 만들어가는 여섯 가지 조건은 건강, 비전, 일과 보상, 조직문화, 동료와의 관계, 마음가짐이 있다. 행복한 직장 생활은 이 여섯 가지 조건을 조화롭고 균형 있게 갖춤으로써 최적화할 수 있다. 각각의 조건이 행복한 일터를 만드는 데 있어서 매우 중요하며, 어느 하나도 빠져서는 안될 매우 중요한 조건들이다. 직장 생활의 기초가 되는 건강, 회사와 직장인들의 동기부여 및 방향성을 찾아주는 비전, 일에 대한 보람과 가치를 키워주는 보상, 직장 생활의 활력을 높여주는 조직문화, 직장 생활의 경쟁자이기도 하지만 동반자이자 협력자가 되어주는 동료와의 관계, 그리고 사소한 노력만으로도 자신의 마음과 삶을 바라보는 태도가 달라지고 주변의 것들에도 좋은 영향을 미치게 함으로써 직장 생활을 긍정적이고 즐겁게 만들어주는 마음가짐은 당신을 행복한 직장 생활로 이끈다. 행복한 일터를 만들고 행복한 직장 생활을 원한다면 이 여섯 가지 필수 조건을 갖추어야 한다.

행복한 직장 생활 기술을
연마하라

　　　　　　　　직장 생활의 행복을 위한 노력으로 행복한 일터를 여는 비밀코드를 발견하고, 행복한 일터를 만드는 여섯 가지 조건을 갖추었다면 이미 당신은 행복한 직장 생활에 필요한 모든 것을 준비했다고 볼 수 있다. 이 모든 준비가 끝났다면 행복한 직장 생활을 만드는 행복의 기술을 연마해야 할 것이다. 그렇다면 당신은 그 누구보다 행복한 직장 생활을 할 수 있는 모든 준비를 완벽하게 끝낸 것이다. 이제부터는 직장 생활의 행복을 만드는 것은 전적으로 당신의 선택에 달린 것이다. 이 책은 당신에게 도깨비 방망이와 같이 당신이 원하는 행복을 가져다줄 것이다.

　행복한 직장 생활을 추구할 것인지, 아니면 그냥 고단한 직장 생활을 계속할지는 당신의 마음 먹기에 따라 결정 되는 것이다. 이 얼마나 경이롭고 가슴 뛰는 유쾌한 사실인가?

당당하게 일하고
긍정적인 마음으로
행복을 만끽하자

　　　　　　　　당신이 진정으로 직장 생활 행복의 질을 높이고자 한다면 당당하게 일하고 긍정적인 마음으로 일해야 한다. 일부 직장인들은 만족스럽게 일하기도 하지만, 대부분은 각자의 고민을 끌어안고 행복하지 않다고 생각하고 있다. 이들 대부분은 스스로 변하게 할 수 없는 고정적인 요소들과 바꿀 수 없는 주변 환경에 집착하고 원망하고 불만을 가지고 있다. 조금만 더 자기 자신에게 집중하고 마음을 긍정적으로 다스릴 수 있다면 행복에 방해가 되는 그런 씨앗을 키우지 않을 수 있다. 사소한 노력만으로도 자신의 마음과 삶을 바라보는 태도가 달라지고 주변의 것들에도 좋은 영향을 미치게 된다.

우리는 직장 생활을 하면서 '긍정적으로 생각하라'는 말을 자주 듣게 된다. 또한 긍정적으로 생각하면 이미 반은 성공했다고도 한다. 똑같은 상황이라도 사람마다 받아들이는 자세가 다르고 결과도 다르게 나타난다. 이렇게 차이가 나는 이유는 받아들이는 사람의 사고가 '긍정적'이냐 '부정적'이냐 하는 점에 있다. 모든 성공은 실제로도 긍정적 사고에서부터 출발한다. 직장 생활의 성공과 미래를 좌우할 수 있는 강력한 에너지가 '긍정적인 사고'인 것이다. 매사에 긍정적인 생각과 태도가 중요하다는 것은 누구나 다 알고 있는 사실이지만 실제 생활 속에서 항상 그렇게 실천하기란 쉽지 않다. 직장 생활 자체가 항상 좋을 수만은 없기 때문이다. 어쩌면 부정적인 일이 더 많이 생기는 것이 우리네 직장 생활이다. 현재의 직장 생활이 뭔가 꼬인 것 같고 문제가 생겨 뭔가 변화가 필요하다면 당장 사고방식부터 바꾸도록 하라. 어려운 상황일수록 더욱 적극적인 긍정적 생각과 긍정의 자세가 필요하다. 우리는 어떤 목표와 성취를 위해 일하고 나중에 성공으로 보답 받기도 한지만 사람마다 성과나 결과는 다르게 나타난다.

성공과 실패를 결정짓는 것은 바로 긍정적 사고인 것이다. 긍정적인 생각은 불가능하게 보이는 일도 가능하게 만드는 힘이 있기 때문이다. 긍정적 사고를 바탕으로 무슨 일이든지 적극적으로 도전하고 실천한다면 성공으로 가는 지름길이 될 것이다.

PART 2

知(Intellect)
– 행복한 일터를 여는 비밀코드

❶ 미처 알지 못했던 일과 직장의 본질

| 당신이 일을 선택한 것이
아니라 일이 당신을
선택한 것이다   세상에는 수천 개의 직업이 있다. 지금
당신이 어떤 일을 하고 있다면 그 일은 당신 스스로 가장 좋은 것
으로 판단해서 선택한 것이 아니라, 우연적으로 주어진 것이라고
봐야 한다. 스스로 모든 직업에 대해 알아보고 그 가운데 하나를
선택한 사람은 없을 것이다. 대체로 자신이 살아온 환경에 의해 주
어진 직업을 우연적으로 선택한 경우가 대부분이다. 그 직업이 어
떤 사람에게는 다행스럽게도 만족스러울 수도 있고 또 어떤 사람
에게는 불행하게도 못 견딜 만큼 불만족스러울 수도 있다.

  흔히 대부분의 직장인은 스스로 자신이 일을 선택한 것으로 착
각하고 살아간다. 일과 취미는 다른 것이다. 일이라는 건 자기가
직장에서 어떤 역할을 해서 그 대가를 받는 것이다. 자기가 좋아
하는 일을 선택하여 즐기는 건 직업이 아니라 취미일 뿐이다. 그런
데도 사람들은 일과 취미를 가끔 착각한다. 심지어 사람들은 직업

을 선택할 때조차도 소비자 마인드다. 오직 그 일이 내 마음에 드는 일인가만 생각한다. 오히려 현실은 당신이 일과 회사를 선택하는 것이 아니라 일 그리고 회사가 당신을 선택하는 것이다. 직업에 관해서는 우리 모두는 거대한 경영시스템의 일원이다. 극단적으로 표현하자면 큰 기계속의 하나의 부속품인 것이다. 따라서 자기가 맡은 어떤 역할을 경쟁력 있게 잘할 수 있는가도 매우 중요하다. 또한 직업은 직장인들과 그 가족들에게 있어서 생계유지를 위한 장기적인 경제 수단이기 때문에 기본적으로 남보다 오래 버티고 열심히 할 수 있는 일이어야 한다. 그러니까 재능이나 취미와 엮지 마라. 직업을 자기 취미 결정하듯이 얘기하는 것부터가 모순이다. 물론 어쩌다 운 좋게 자신의 취미가 직업이 될 수도 있겠지만 절대적으로 그저 단순히 좋아하는 것만으로는 직업이 될 수 없다. 그 뒤에 어떤 노력을 했느냐가 관건이다. 좋아하는 한 가지를 하기 위해서는 싫어하는 열 가지를 감수해야 한다. 그러나 사람들은 자신이 좋아하는 하나만을 달랑 손에 쥐고 막무가내로 성공하고 싶다고 한다.

무슨 일이든 어설프게 한번 해보겠다고 집적거리지 마라. 적당히 좋아하고 적당히 잘하는 것으로는 죽었다 깨어나도 전문가가 될 수는 없다. 그런데 자신이 좋아하는 일은 해야겠고 그에 따르는 포기나 희생은 싫다? 직장은 싫지만 월급 받는 건 좋다? 이렇듯 어린아이 떼쓰듯 한다고 될 일인가? 그러니 당신이 좋아하는 일이 당신의 직업이 되지 못한 채 그저 꿈이나 미련으로 남게 되는 것이다. 결론적으로 직장 생활의 성공도, 직장 생활의 행복도 당신이 일을 선택한 것이 아니라 일이 당신을 선택한 거라는 중요한 깨달음에서 출발한다는 것을 명심하여야 한다.

직장은
요지경이다

직장이라는 곳은 죽었다 깨어나도 가기 싫고, 때론 알려주지 않는 비밀을 간직하고 있는 곳이기도 하고, 어쩐지 이상한 사람만이 승진하는 곳 같은 너무나도 거대하고 불가사의하며 난해하고 모순투성이다. 이것은 우리 인생의 본질적 모습과도 닮아있다. 인생에 정답이 없듯이 직장 생활에도 정답이란 없다. 하지만 직장 생활을 피할 수 없는 절대 다수의 직장인들이 직장 생활을 지속하면서 가족을 건사해야 한다는 스트레스에도 불구하고 나름대로 즐겁고 행복하게 살아갈 방법을 터득하기 위해서 저마다 이상적인 직장 생활의 노하우를 찾아야만 할 것이다.

직장 생활을 해나가면서 성공과 행복을 찾기 위해 가장 먼저 알아야 할 것은 직장인들이 입사에서부터 직장을 퇴사하는 때까지 어떻게 생활하는지 전 과정을 유심히 지켜보고 우리의 삶에 어떻게 투영될지를 살펴보아야 할 것이다.

우리의 직장 생활은 누구나 원한 거였지만 막상 입사하는 순간부터 퇴사하는 날까지 그렇게 호락호락하지 않다. 오죽했으면 어떤 이들은 직장을 월급이란 마약이 없다면 단 하루도 견디기 힘든 전쟁터와 같은 곳이라 했을까.

우리는 어려운 직장 생활을 현명하게 헤쳐나갈 수 있어야 한다. 한 가지 분명한 것은 노력하면서 긍정적으로 생활하다 보면 변화나 고난, 갈등, 문제 상황에 부딪쳤을 때 얼마든지 지혜롭게 헤쳐나갈 수 있다.

우리가 직장 생활의 행복에 대한 정의를 쉽게 내리기 힘든 이유가 바로 여기에 있는 것이다.

어떤 때는 많이 아는 것이 힘이 되기도 하고 어떤 때는 모르는 게 약이 되기도 한다. 당당하게 생활하고 정도를 걷고 싶지만 직장 생활은 그렇게만 살아간다면 잠시도 견딜 수가 없게 만든다. 고통은 누구나가 싫어하는 것인데 기쁨은 고통 뒤에 찾아온다. 기회 뒤에 위기가 숨어 있고 위기 뒤엔 기회가 오기도 한다.

직장 행복의 기준이 직장인마다 다르고 작은 행복, 큰 행복과 같이 크기로 잴 수도 없고, 얕은 행복, 깊은 행복처럼 깊이도 잴 수 없는 것처럼, 행복의 의미도, 행복의 조건도 사람마다 다르게 생각하고 있기 때문이다. 입사를 원하는 직장인에게는 입사만한 행복이 없을 것이고 승진에 목말라 하는 사람에게는 승진하는 것만큼 더 큰 행복이 없을 것이다. 또 경영자는 권력을 행사하면서 직장인은 새로운 일들을 만들어 내면서 행복감을 느낄 것이다. 이처럼 행복은 각자 처한 상황에 따라, 관점에 따라, 가치관의 차이에 따라 다양하게 표현되는 것이다.

신입사원, 관리자, 경영자의 위치에 따라 행복의 조건이 다르게 나타난다. 신입사원 때는 직장인의 표본처럼 보이던 사람이 알고 보니 관리자, 경영자가 되면서 지탄의 대상이 되기도 하고, 신입사원 때 그야말로 구제불능으로 보이던 사람이 훗날 가장 훌륭한 리더로 거듭날 수도 있다.

직장 생활에 기본적인 신념, 철학은 삶을 살아가면서, 역경과 고난을 거치면서 변화되기도 한다. 참 직장이란 곳은 요지경이다.

강한 자와 변화에 재빠르게 적응하는 자가 살아남는다

더 이상 안정된 고용을 보장하지 않는 요즘 시대에 직장인들의 최대의 관심사는 어떻게 직장에서 오래도록 살아남느냐는 것이다.

대한민국 직장인들은 매우 힘들고 괴롭다. 세계화와 개방화가 가속화되고 끊임없는 변화와 혁신을 주문 받으면서 국가나 회사뿐만 아니라 직장인들 역시 무한경쟁시대에 안락한 미래를 위해 치열한 직장 생활을 할 수밖에 없다.

그렇다면 직장에서 살아남는 방법은 무엇일까? 결론부터 말하자면 강한 자와 환경의 변화에 재빠르게 적용하는 자가 살아남는다는 것이다.

흔히 가장 많이 사용하는 말 중에 '강한 자가 살아남는 게 아니라 살아남는 자가 강한 자다'라는 말들을 하곤 한다. 얼핏 들으면 틀린 말은 아닌 듯 싶지만 사실은 이 말은 어찌 보면 가늘고 치졸하게 오래, 양심을 버리고, 눈치껏 살아남는 자들의 자기 합리화의 말일 뿐이다. 굳이 강해서 살아남는 자들은 그러한 말 자체도 꺼내지도 않는다.

어느 회사에서 있었던 일이다. 그 직장의 문화는 서로 일하지 않으려고 피하고 남에게 떠넘기고 사고가 터지면 타인에게 죄를 뒤집어 씌우는 문화가 팽배했다. 어느 날 열정적으로 일하고 능력도 뛰어나고 동료 관계도 무난한 한 직원이 참다 못해서 사표를 냈다. 그런데 관리자가 "당신은 패배자다"라고 말했다. 그래서 왜 자신이 패배자냐고 물었더니 그 관리자가 대뜸 하는 말이 "살아남는 자가 강한 거지 강한 자가 살아남는 게 아니다. 그런데 당신은 무조건 피하려고만 하니 당연히 패배자지"라는 것이다. 이에 "그럼 어떻게 해야 패배자가 안 되는 거죠?" 물었더니 "즐겨라. 당신도 남들과 같이 일을 떠넘기고 책임을 뒤집어 씌우고 하면 되지 않느냐? 당신만 깨끗하면 결국엔 당신만 힘들어져"라는 말에 사표를 집어넣고 그것이 살아남는 자의 강함이라면 진정으로 살아남은 자의 무서움이 어떤 것인지 보여주겠다며 남들과 똑같이 일을 시키면 핑계나 대고 다른 사람에게 일을 떠넘기고 사고가 나면 타인에게 뒤집어 씌우고 했더니 시간이 흘러 그 관리자가 그 직원을 불러 마구 욕을 해대는 것이었다. 그때 그 직원이 점잖게 이야기했다. "이것이 바로 몇 달 전에 당신이 말한 살아남는 자가 강한 모습이다"라고 했더니 관리자는 아무 말도 하지를 못했다. 왜냐하면 바로 자신이 말한 부끄러운 자신의 모습이었기 때문이다.

그 뒤로 어떻게 되었을까? 결국 회사는 경영악화로 부도가 나 없어졌으며 사표를 냈었던 그 직원은 열정이 가득한 좋은 직장으로 성공적으로 옮겨갔다. 하지만 살아남는 자가 강하다며 자기합리화로 살아남은 관리자와 동료직원들은 정리해고 되어 인생의 바닥으로 떨어졌다.

물론 이 사례가 비약적이고 극단적인 결과를 보여주지만 실제로 현실에서 많이 나타나고 있으므로 이런 언어적 함정에 빠져 있는지 되돌아 봐야 할 것이다. 우리 주변에 진정으로 성공한 위인들을 보면 그들은 살아남아서 강한 것으로 보이지만 실제로 그들은 강해서 살아남은 것이며 변화에 재빠르게 적응을 잘해서 살아남은 것이다.

그러면 왜 강한 자와 재빠르게 변화에 적응하는 자가 살아남게 되는 것일까?

먼저 강한 자가 살아남는 이유는 지금은 평생직장이 아닌 평생직업의 시대이고 직장인 개개인이 모두 프리랜서가 되어야 하는 시대이다. 그렇기에 개인의 능력이 개인의 상품가치를 말한다. 이 때문에 당연히 상품가치가 높은 강한 자가 한 회사에서 오래 살아남을 수 있고 직업적인 측면에서도 끝까지 살아남을 수 있는 것이다.

재빠르게 변화에 적응하는 자가 살아남는 이유는 환경이 변하면 직장 생활의 방식도 바꾸어야 하기 때문이다. 일반적으로 사고는 한 번 굳어지면 다른 관점에서 생각하지 않으려는 경향이 있다. 새로운 것을 새로운 관점으로 보기보다는 지금까지 봐온 방식으로 보려고 한다. 굳이 고민하기보다는 해온 대로, 별일이 없다면 다른 길보다는 남들이 가는 길로, 아는 길로 가려고 한다. 갈아 끼워야 하는데 꿰맞추려 한다. 문제는 직장 환경이 변하면 관점을 바꿔야 하는데 자신도 모르게 이런 꿰맞춤을 계속 반복한다는 점이다. 이렇게 가능하면 기존의 것을 고수하려는 생각과 행동이 누적되고 누적되어 어느 시점이 되면 한 순간 모든 것이 바뀌는 현상이 일어난다. 그때가 되면 적응하지 못한 자들은 함께 사라져야 하기 때문이다. 아주 사소한 예를 하나 들어보자 새로운 상사가 왔는데 기존의 상사의 방식에 맞춰 일하고 자신의 일하는 방식에 상사가 맞추기를 기대하는 직원이 있다면 과연 이 직원은 그 조직에서 살아남을 수 있을까? 결과는 불을 보듯 뻔할 것이다.

회사는 당신을 지켜주지 않는다

IMF 이전에는 한 회사에 몸담으면 대개 직장을 그만둘 때까지 근무하는 종신 고용이 대부분이었다. 암묵적으로 종신계약이었던 것이다. 그 시절에는 회사는 안정적인 일자리를 제공했고 그 대가로 직장인은 회사에서 일하는 오랜 기간 동안 몸과 마음을 바쳐 충성하였다. 그래서 직장을 여기저기 옮겨

다닌 경력이 있는 입사 지원자를 곱지 않은 시선으로 문제가 있는 것으로 이상하게 보기도 했다.

하지만 이제 그런 시대는 끝났다. 회사는 더 이상 안정된 고용을 보장하지 않는다. 대신 인건비가 저렴해 더 적은 비용으로도 일을 처리할 수 있는 방법을 찾거나 그런 곳으로 옮겨 간다. 예전과 달리 이제는 오히려 한 직장에 평생 몸담고 일하는 사람들은 능력이 부족해서 그런 건 아닌지 애처롭게 바라보기까지 한다. 종신 고용이 사라진 지금은 회사가 당신을 평생 지켜주지 않는다. 연봉, 복지혜택, 유급휴가, 그럴듯한 사무실 공간 등이 보장된 직장에서 일하고 있더라도, 자신이 원하고 선택하지 않는다 하더라도 어느 한 순간 오래도록 몸담아 오던 직장을 그만둬야 하는 경우가 많다. 이제는 스스로 자신의 경쟁력을 지속적으로 유지하지 않으면 안된다. 즉 이제 누구나 모든 가능성을 열어 두고 새로운 직장으로 옮겨 일할 수 있는 능력을 보유해야 한다는 것이다.

회사는 일만 잘한다고 승진시켜주지 않는다

'왜 회사에서는 이상한 사람이 승진할까?' 하는 생각을 직장인이라면 누구나 한 번쯤은 해보았을 것이다. 그리고 직장 생활을 하는 동안 '아 회사는 일만 잘한다고 승진시켜주지는 않는 곳이구나'라는 나름대로 깨달음을 얻게 될 것이

며 직장 생활에 대해 회의를 느끼기도 했을 것이다. 그리고 나서
'그럼 회사에서 승진하고 성공하려면 어떻게 해야 하지?'라는 고민
과 더불어 각자의 직장 생활 성공 노하우를 찾았을 것이다.

결론은 직장 생활만 열심히 잘한다고 해서 되는 건 아니라는 것
이다. 전반적인 주변을 둘러싸고 있는 직장 내 인간관계를 잘 형성
해야 한다. 누구보다 절대적 영향을 미치는 상사와의 관계, 동료들
과 관련 업무 담당자와 서로의 목표를 위해 함께 일하는 법, 부하
직원 관리, 직장 내 업무를 방해하는 인물들과 맞서 대응하는 방
법을 잘 알고 있어야 할 것이다. 그렇다 하더라도 일은 성공하는
자가 지녀야 할 기본임을 명심하기 바란다. 즉 일만 잘해서는 안
되고 일도 잘해야 한다는 것이다. 앞에서도 이야기했지만 일을 떠
나서는 인간관계가 가장 중요하며 성공을 위한 청사진은 회사마다
조금씩은 다르지만, 그래도 대개 일에 대한 열정, 자기관리, 시간
관리, 자기계발, 업무태도, 인맥관리 등이 회사생활의 성공을 위한
요소들이라 할 수 있다.

사내정치는 엄연히
존재하며 거기에는
이유가 있다   직장인들 대부분은 사내 정치는 행위
자체가 근본적으로 매우 좋지 않으며 업무에도 전혀 긍정적인 영
향을 주지 못한다고 생각한다. 그러나 사실은 그렇지 않다. 직장

생활에 있어서 사내 정치는 업무를 처리하는데 필수불가결한 요소이다. 아니 어쩌면 잘할 수 있다면 잘해야 한다고 말하는 게 맞을 듯 싶다.

물론 꼼수나 사기처럼 더러운 정치 기술을 쓰는 직원도 있겠지만 이는 오히려 업무에도 악영향을 미치고 주변 동료들에게도 추잡한 인간으로 낙인 찍혀 직장 생활을 제대로 할 수가 없다.

사내정치에 관여하지 않는 것을 성실한 증거라고 긍정적으로 생각하는 것도 틀린 말은 아니지만, 이는 업무성과만 좋으면 성공할 수 있다고 말하는 것과 같다. 업무를 처리하다 보면 결재 라인에 있는 상사들을 설득하여야 하고, 관련 부서의 협조를 구해야 하는 일이 반드시 발생한다.

정치란 것이 많은 사람들의 니즈를 조정해 균형을 맞추어 하나의 결정을 이끌어내는 것이다. 그만큼 사내정치는 효율적이고 효과적인 업무 진행을 위하여 필요한 역량인 것이다. 아울러 유용한 정보와 협력을 이끌어낼 수 있기에 내외부 인사들과 인맥관계를 쌓는다는 측면에서 긍정적으로 보아야 할 것이다. 왜냐하면 변화를 이끌어내고 싶다면 일단 권한과 영향력을 행사할 수 있어야 하기 때문이다. 사내정치력은 타고 날 수도 있는 것이며, 아니면 스스로 노력해서 길러지는 것이기도 하다. 사내정치력은 훈련을 통해 키울 수 있다. 상사가 어떤 생각을 하는지, 후배들이 어떤 마음을 품고 있는지 끊임없는 관심을 가지면서 키워지는 것이다. 그렇기에 사내정치력도 업무 능력의 일부분인 것이다.

직장에서 자신의 사생활을
털어놓는 것은 위험하다

현대를 살아가는 직장인들은 집보다는 회사에서 많은 시간을 보내기 때문에 직장 생활과 사생활을 명확히 구분하기가 어렵다. 아마도 함께 일하는 직장동료들이 또 다른 가족처럼 느껴지기 때문일 것이다. 하지만 원만한 직장 생활을 위해서는 누구에게 무엇을 어느 수준만큼 이야기해야 할지 조심스럽게 조절해야만 한다.

동료에게 자신의 사생활을 이야기하고, 있는 그대로의 솔직한 모습을 보여주는 것이 직장 생활과 무슨 상관이 있느냐 의아해 할 수도 있으며, 실제로 많은 직장인이 가정사며 개인사, 심지어 치부나 경제적인 어려움까지 직장동료와 공유하기도 한다. 하지만 이러한 것들은 직장 생활에서 자신의 입지를 약화시키기도 하고 때론 심각한 곤경에 빠뜨리기도 한다.

동료에게 말한 것들은 당신의 이미지가 되고 이는 곧 회사에 남긴 당신의 이미지가 되어 당신을 판단하는 기준이 된다. 회사는 당신의 사생활과 직장에서의 모습이 별개라고 생각하지 않는다.

직장에서 솔직하게 털어놓은 사생활 정보로 인해 승진에서 누락되거나 주요 프로젝트에서 제외되거나 요주의 인물로 낙인 찍히는 경우도 수없이 많다.

도대체 왜 이렇게 되는 것일까? 이러한 상황이 이해되지 않는다면 관리자의 시각에서 상황을 바라보자. 부하직원 중 한 명이 최근 극심한 경제적인 어려움으로 이혼 소송을 진행하면서 고민과 스트레스가 심하다고 이야기를 하는 것을 들었다. 그런데 때마침 중요한 프로젝트를 앞둔 상황이라면 관리자로서 그 직원을 프로젝트에 참여시키는데 주저하게 될 것이다. 관리자라면 누구나 '좋지 않은 개인사로 가뜩이나 힘들어하고 있을 텐데 이렇게 중요한 프로젝트에 참여시키면 일에 전념하기 어렵지는 않을까'라고 생각할 수도 있을 것이며 더 냉정하게는 '개인사도 제대로 관리하지 못하는 사람에게 중요한 프로젝트를 맡기기는 힘들겠군' 하고 생각하고, 중요한 프로젝트들을 수행 못 하게 될 수도 있다. 이는 곧 당신의 업무능력이 되고 당신의 이미지가 되어 인사고과에 좋지 않은 결과를 가져오게 될 것이다.

설령 당신이 처하고 있는 개인적인 어려운 일들로 인하여 일에 집중할 수 없더라도 회사에는 모든 일을 잘 처리하고 있다는 모습을 보여야 한다. 개인적인 어려운 일들이 해결된 후에도 여전히 당신에게는 지금의 직장에서 지속적으로 일을 하여야만 한다. 어렵고 힘든 상황에서도 냉철하고 굳건한 의지로 완벽하게 일을 해결하는 직장인이라면 한층 더 업무능력을 인정받게 되고, 원만한 직장 생활을 해나가게 될 것이다.

인사고과는
업무 실적과 관계없다

대개 모든 직장인은 인사고과는 전적으로 업무실적에 의해 결정된다고 생각하겠지만, 실제로 대부분의 인사고과는 상사의 주관적인 판단에 의해 결정된다. 인사고과는 한 해 동안 당신이 얼마나 열심히 일했는가를 나타내며 급여와 승진, 직장 내에서의 입지에도 매우 많은 영향을 미친다. 이렇게 매우 중요한 인사고과가 자신의 생각과 다르게 나온 것을 확인하고 많은 직장인들이 충격을 받는다. 왜 이렇게 자신의 생각과 인사고과가 다르게 나타나게 되는 걸까?

직원들은 상사와는 전혀 다른 주관적 관점에서 자신들의 업무성과를 판단하기 때문이다. 그러므로 당신이 스스로를 어떻게 생각하는지보다는 상사가 당신을 어떻게 생각하는지 당신을 바라보고 평가하는 상사의 시각에 맞춰 생각해야 좋은 인사고과를 받을 수 있다.

인사고과를 잘 받기 위해서는 첫째, 자신의 기준으로서 일을 처리하지 말고 상사의 업무 기준과 기대에 맞게 일을 해야 한다. 그러기 위해서 상사가 무엇을 중요하게 생각하고 당신에게 어떤 것을 기대하는지 확인하는 것이 좋다.

둘째, 상사와 정기적인 미팅 및 사적인 관계를 통해 당신이 어떤 일을 얼마나 많이 하는지 간접적으로 알리도록 하라. 단, 상사의 고유 권한인 자신의 인사고과에 대해 절대로 언급하지 말고 상사의 기대치와 우선순위, 선호도가 무엇인지를 정확히 파악하고 대응함으로써 업무중요도가 높은 일을 우선 처리하고 기대에 부합하도록 하라.

셋째, 혹시라도 당신이 최선을 다했는데 불구하고 인사고과가 좋지 않게 나왔을지라도 상사의 잘못이 아닌 당신의 문제로 접근하여야 한다. 왜냐하면 상사는 당신의 반응에 대해 변명과 핑계로밖에 생각하지 않기 때문이다. 결국은 상사와 어떤 관계를 형성하고 상사의 기준과 기대치에 얼마나 맞추는가가 좋은 인사고과를 받는 절대적인 방법이다.

새로운 상사와 일한다면 그에게 적응하라

직장 생활의 성공과 행복은 당신의 상사와 어떻게 지내느냐에 달려 있다고 해도 과언이 아니다. 당신이 진정으로 직장 생활에서 행복의 질을 높이고자 한다면, 상사에게 빠르게 적응하여야 한다. 대개 새로운 상사가 오면 낯선 사람이 침입했다는 거부감과 왠지 자신이 올라가야 하는 자리를 빼앗는다는 느낌에 저항감을 갖기 쉽다. 그래서 대부분의 직원들은 어색해 하면서 먼저 다가가지 못하고 상사가 자신들을 끌어들일 때까지 기다린다. 그러나 이런 배타적 태도는 자신의 직장 생활에 있어 매우 좋지 않다. 성공적이며 행복한 직장 생활을 계속 하고 싶다면 하루라도 빨리 상사와 같은 편이 되어야 한다. 다음과 같은 상사에 대한 태도들은 오히려 직장 생활을 보다 즐겁고 행복하게 만들어 준다.

첫째, 새로운 상사를 진심으로 환영하라. 하루 아침에 기존에 하던 방식을 새로운 상사에게 맞춰 바꾸는 것은 쉽지 않지만 가능한 빨리 상사에게 맞추어 일하는 것이 직원들의 의무다. 직원이 먼저 다가가서 상사를 진심으로 환영하여야 한다. 당신 자신이 새로 부임한 팀의 상사라고 가정해보자. 당신이 맡은 새로운 팀에서 편안하고 즐겁게 일을 시작할 수 있도록 도와주는 직원을 쉽게 잊을 수 있겠는가?

둘째, 적극적으로 상사의 업무에 협력자가 되어라. 지금껏 자신들이 해오던 방식에 새로 부임한 상사가 적응하길 바라지만 그런 일은 거의 일어나지 않을 것이다. 그러므로 직원들이 상사의 방식에 적응하고 변화하고 맞춰야 한다. 새로 팀을 맡은 상사는 단기간에 기존의 모든 것들을 쇄신시켜 자신의 능력을 보여주고 입지를 굳건히 하려고 한다. 그러한 상황에서 상사가 추진하고자 하는 것들에 대해 불평하거나 투덜댄다면 직원의 급여와 인사고과를 결정하는 막강한 권력자와 적이 될 뿐이다. 그러므로 상사를 지원하고 적극적으로 협력하는데 당신의 에너지를 쏟는다면 당신은 상사와 평생 든든한 동반자 관계를 형성하게 되어 즐겁고 행복한 직장 생활을 하는 데 많은 도움을 받게 될 것이다.

셋째, 좋은 의도라 할지라도 충고나 조언은 삼가라. 일반적으로 새로 부임한 상사는 직원들과의 면담을 통해 정보를 구하는데 이

때 직원들이 빠지기 쉬운 함정이 있다. 기존 업무가 어떻게 진행되고 있는지 분위기가 어떤지 등 사사로운 각가지 조언을 하려 드는 것인데 새로운 상사와 신뢰를 얻는 것은 바람직한 일이나 상사는 당신의 절친한 친구가 아니라는 점을 반드시 명심하여야 한다. 보통 직장에서의 상사는 업무적인 상사일 뿐이다. 그러므로 어떤 조언이나 사사로운 의견도 삼가고 그냥 묵묵히 업무에 협조하다 보면 상사가 당신의 의견이나 조언을 듣고 싶어 하게 되는데, 이것은 상사가 당신을 신뢰하기 시작했다는 좋은 징조이지만 그렇다고 할지라도 부정적인 말이나 개인적인 의견은 배제하고 사실만을 말하고 상사가 그것들을 바탕으로 스스로 결론 내리도록 해야 한다. 어쩌면 당신의 충성도를 시험하기 위해서 혹은 회사나 팀원들에 대한 본심을 알고 싶어서 미끼를 던진 것일 수도 있다.

넷째, 새로 일하게 될 상사와 당신과의 관계가 이전 상사와의 관계와 같을 거라고 기대하지 마라. 이전 상사와의 관계와 새로운 상사와의 관계가 동일할 거라고 생각해서는 안된다. 당신은 새롭게 자신과 상사와의 관계를 형성해야만 한다. 기존의 상사와 새로 부임한 상사는 선호하는 업무방식이 전혀 다를 수 있다. 좋은 방법은 새로 부임한 상사와 정기적인 미팅과 수시 미팅을 함으로써 상사의 업무 방식에 대해 정확하게 파악하고 상사의 새로운 업무방식에 최대한 협력하도록 하여야 할 것이다.

외모는 생각보다 훨씬 중요하다

　　　　　　지금은 쉽게 볼 수 없지만 예전까지만 해도 어느 채용공고에서나 채용조건에 '용모단정'이란 문구가 들어가 있곤 했다. 그만큼 직장인에게 있어서 외모는 채용을 결정짓는 중요한 요소가 되고 있으며 직장 생활이 끝나는 마지막 날까지 매우 중요하다. 많은 회사들이 이전에 비해 창의력도 기업의 경쟁력이라고 여기는 경향이 커져 직원들의 복장규제를 완화시키는 추세다. 요즘은 청바지에 티셔츠를 입고 회사에 출근할 수도 있으니 얼마나 편해졌는가? 하지만 여전히 외모는 당신의 생각보다 훨씬 중요하다. 외모가 당신의 직장 성공에 미치는 영향은 무시할 수 없다. 사람들은 외모로 당신을 판단하며, 회사도 마찬가지이다. 회사는 당신의 외모가 당신이 어떤 사람인지를 보여준다고 생각한다. 이것은 어쩔 수 없는 인간의 본성이다.

　구겨진 셔츠라든지, 정리되지 않은 손톱, 천방지축으로 보이는 옷차림은 당신에 대한 나쁜 인상을 줄 수 있다. 요즘처럼 자유분방한 근무환경에서 무슨 말도 안 되는 소리를 하느냐? 하겠지만 회사라는 공간은 여전히 구시대적 발상이 존재하고 있으며 비즈니스의 본성은 변함없다는 사실이다. 다만 그 모든 것들이 포장되어 있기에 당신이 모르는 함정이 될 수도 있다. 근무환경이 아무리 자유롭고 창조적이더라도 관리자는 꾸겨지고 더러운 옷을 입은 직원이 회사를 대표하는 이미지가 되는 것을 원하지 않는다. 당신의 직급과 위치가 위로 올라갈수록 회사를 대표하는 정도가 커진다. 당신의 이미지는 곧 회사의 이미지이다. 그러므로 당신의 외모를 회사가 원하는 이미지에 맞게 가꿔야 한다.

직장은 당신의 놀이터이자 인생의 무대이다

모든 업무가 규정과 규칙을 바탕으로 엄격한 결재 절차를 거쳐 진행되고 직장 생활도 미리 정해진 틀 안에서 이루어지는 곳이 직장이다. 언제나 개인보다는 조직이, 개성이나 창의력보다는 규정과 정해진 틀이 우선시 되는 그 조직의 울타리 안에서는 모든 것이 꽉 맞물린 톱니바퀴처럼 굴러가는데, 그래도 목적을 향해 일사불란하게 움직이는 시스템 하나는 정말 감탄할 만하다. 현실적으로 직장인에게 있어서 회사는 삶의 무대이자 삶의 대부분일 수밖에는 없다.

모든 직장인이 젊음과 시간과 땀방울을 바치고 오히려 피와 살을 나눈 가족보다도 더 오랜 시간 동안 얼굴을 맞댄 채 희로애락을 함께 나누는 곳이 바로 직장이다. 단지 돈을 버는 수단과 장소라는 개념에서 벗어나 얼마나 만족스럽고 보람과 가치를 느끼며 흘린 땀과 노력을 보상해주는가에 따라 직장인들의 인생 행로 자체는 크게 바뀐다. 그러니 운명이던 숙명이던 직장이란 곳이 정말 출근하기 끔찍한 곳이 아니라 월요일이 기다려지는 곳으로 만들어야 하는 당신의 놀이터이자 인생의 무대로서 받아들여야 한다. 많은 직장인이 자신이 다른 동료들과 무리에 섞여 잘 눈에 띄지 않는다고 생각할 수도 있고 아무도 눈여겨보지 않으며 특별한 일이 있는 경우에만 관심을 갖는다고 생각한다면 큰 착각이다. 회사에는 언제 어디서나 지켜보는 눈이 있다. 이는 마치 무대 위에 서 있는 것과 같다. 무대에 조명이 켜지면 배우의 눈에는 관객석을 메운 사람들이 보이지 않지만 관객들은 늘 거기에 있다. 업무 중이거나, 회의에 참석하거나, 고객과 미팅을 하거나, 각종 행사에 참여하는 등, 회사와 관련된 일을 하는 동안 직장인 모두는 무대 위에 선 것이다. 그러므로 행동 하나, 말 한마디도 회사의 이미지에 맞추어야 한다. 기분이 나쁘더라도 무대 위에 서는 순간에는 미소를 띠어야 한다. 직위가 높아질수록 회사가 마치 무대와 같다는 것을 실감하게 될 것이다. 그러면 톱니바퀴처럼 굴러가는 직장을 월요일이 기다려지는 삶의 놀이터이자 삶의 무대로 어떻게 탈바꿈시킬 것인가? 그건 의외로 간단하다. Y라는 직장인이 어떻게 직장을 놀이터이자 삶의 무대로 받아들이는지를 보자

  Y는 아침에 눈 뜨면 항상 오늘은 어떤 일이 벌어질까? 호기심으로 하루를 시작한다. 매일 똑같이 반복되는 출퇴근 길이지만 영화 감상 하듯 주변을 살피면서 사소한 주변의 변화를 찾아내어 흥미를 만들어 낸다. 사계절의 변화와 주변 환경의 변화를 즐기며 자신처럼 출퇴근하는 직장인들의 모습을 살펴보며 이런저런 상상을 해보기도 한다. "어, 오늘은 새로운 가게가 생겼네." "어! 건물이 오늘

은 얼마만큼 올라갔네" 하면서 소소한 즐거움을 스스로 만들어 낸다. 회사에 도착해서는 동료들을 오래된 친구를 만난 것처럼 기분 좋게 대하며 주어진 일에 대해서 게임을 하듯 일을 처리하는 과정을 즐긴다. 새로운 업무를 맡게 되면 짜증이 아닌 새로운 업무를 하게 된 것에 대해 기뻐하고 감사하며, 어려운 업무를 맡게 되면 어려운 문제를 해결하는 과정에서 희열과 보람을 느낀다. 또 각양각색의 동료들과 부대끼면서 흥미를 느끼며 함께 할 수 있는 소소한 관계 형성에서 감사를 느낀다. 회사에서 제공되는 각종 복리후생과 각종 행사를 마음껏 즐기며, 야근과 늦은 회식에서조차 즐거움과 행복을 만끽한다. 직장 생활이 전쟁터가 아닌 놀이터인 것이다.

"똑똑한 자는 열심히 노력하는 자를 따를 수 없고 열심히 노력하는 자는 일을 즐기는 자를 결코 따를 수 없다"고 했다. 이처럼 직장을 놀이터로 활용하면서도 회사의 규정과 규칙, 일정한 틀을 삶의 무대로서 인식하고 주변 동료, 경영자, 고객, 관련 업체들과의 관계를 각자의 주어진 역할 수행 주체들로서 인식하며 사원으로서의 역할을 무명배우처럼 혼신의 힘을 다해 노력하며, 중간 간부로서의 역할을 조연 배우처럼 숙성의 기간이라 여기며 주연배우를 더 빛나게 해주는 조력자로서 역할을 다하고, 경영자의 위치를 주연배우의 역할이라 생각하며 무대의 운명이 자신에게 달려 있다는 마음으로 하루하루를 생활한다면 당신도 설령 답답하고 고통스럽게만 느꼈던 직장이었다 할지라도 당신의 직장을 당신의 놀이터이자 훌륭한 인생의 무대로 만들 수 있다.

직장은 위에서만
바꿀 수 있다

직장 생활을 처음 시작하는 신입사원이나 나름 오랫동안 직장 생활을 했다는 사람들까지도 착각하기 쉬운 것이 직원이면 누구나 회사를 바꿀 수 있다는 생각이다. 당신에게 특별한 재능이 있다고 해서, 당신이 누구보다 열정이 높다고 해서 바꿀 수 있는 것은 아니다. 직장은 위에 올라간 자만이 바꿀 수 있다. 왜냐하면 회사를 바꾸려면 그만한 영향력을 행사할 수 있는 자리까지 올라가야 하기 때문이다. 수많은 직장인이 뒤늦게 깨닫는 진실 중에 하나가 회사라는 것이 위에서 바꿀 수 있을 뿐이며 밑에서는 절대 바꾸지 못한다는 인정하기 싫은 사실이다. 회사에서 윗사람들의 지원 없이 회사를 바꾸려고 시도한 많은 직장인이 환멸을 느끼고 옷을 벗기까지 한다.

회사를 완전히 탈바꿈시킬 수 있는 권한을 가지고 영향력을 행사할 수 있는 사람들은 오로지 최상층에 오른 사람뿐이다. 그 자리에 오르기까지 남다른 노력을 한 사람만이 그러한 권한을 갖게 된다. 만약 권모술수에 능한 사람만이 최고 자리에 오른다면 그 회사의 미래는 과연 어떻게 될 것인가? 당신이 회사를 바꾸고자 한다면 이러한 본질을 꿰뚫어 볼 수 있어야 한다. 당신이 더 높이 올라갈수록 당신은 더 많은 권한과 더 강한 영향력으로 당신의 회사뿐만 아니라 사회 전체에 변화를 가져올 수 있다. 모든 직장 생활이 상식적이고 원칙적으로 진행 될 거라는 막연한 희망을 갖고 일하지 마라. 주변 가까이에도 회사의 게임에 휘둘려 자신의 직장 생활을 망치는 직장인들이 수없이 많다. 당신은 당신이 노력한 만큼 인정받을 자격이 있다. 직장 생활의 함정에 걸려 넘어지지 마라. 진심으로 당신에게 행운이 있길 바란다. 당신이 높이 올라갈수록 회사는 당신을 닮아갈 것이다. 당신이 회사를 바꾸기에 충분한 권한과 영향력을 행사할 수 있는 자리에 도달할 그 날까지 새로운 시작을 꿈꾸던 신입사원 때 모습을 잊지 말고 신입사원 때 간직했던 원칙과 태도 열정을 잊지 마라. 그러한 원칙과 태도는 당신을 지켜주고 보호해주고 당신이 원하는 자리까지 올라갈 수 있도록 해줄 것이며 궁극적으로 당신은 당신이 원하는 회사로 바꿀 수도 있고 새롭게 만들 수도 있을 것이다.

이 세상에
쉬운 일이란 없다

남이 보기에 쉬워 보여도 내가 하는 일이 세상에서 제일 힘든 것 같고 돈 버는 일이 쉽지 않다는 것을 누구나가 한 번쯤은 느꼈을 것이다.

아주 옛날 우리 조상들로부터 가난에서 벗어나 좀 더 잘살아 보자는 마음 하나만으로 왕성한 경제활동을 했던 부모님의 세대에 이르기까지 일에 지쳐 힘들어하는 자식들을 바라보며 꼭 하던 말이 있다. '남의 돈 벌어먹기가 그렇게 쉬운 줄 알았니?' 우리 역시 부모님의 입에서 안타까운 마음을 가득 담아 하셨던 이 말을 들었던 기억이 있을 것이다. 지금은 그간 노력의 결실로 어느 정도 먹고 살 만한 수준까지 살게 되었지만 뒤돌아보면 역시나 이 세상에 쉬운 일이란 없었음을 뼈저리게 느끼며 살아왔다. 대부분의 직장인은 자기가 가장 힘들게 산다고 생각하며 살아갈 것이다.

직장인들의 전형적인 삶의 형태를 세 가지로 굳이 나눠보면 첫 번째 나름대로 팔자가 좋은 사람들로 부모가 돈이 많고 좋은 교육을 받아 사회에서의 출발도 주위의 화려한 인맥 덕분에 다소 순조롭게 출발하는 사람들이다. 이들은 있는 돈을 투자해서 더 많은 돈을 벌기도 하고, 아예 일할 필요를 못 느끼는 사람도 있다.

두 번째는 직장인의 절대 다수를 차지하는 사람들인데 자신이 가장 힘들게 살아가며, 앞으로도 어려움이 많을 거라고 걱정하면서 사는 사람들로 직장 생활을 고통스럽게 여기면서도 월급 때문에 이러지도 저러지도 못한다. 돈을 벌어도 지금 잘 나가도 언제 어떻게 될지 모른다는 불안감을 안고 살아간다.

마지막으로 두 번째와 비슷한 상황이지만 자신이 좋아하는 것을 찾은 사람들이다. 이 사람들은 남의 눈에는 성공하지 않은 것처럼 보인다. 다만 이 사람들은 남들과 똑같은 일을 하더라도 왜 그 일을 하는지 목적이 분명하거나 그 일을 천직이라 여긴다. 그러니까

이 사람들 역시 앞날이 어떻게 될지는 모르지만 현재 하고 있는 일이 즐겁다. 그리고 일이 잘못되는 때가 오더라도 가능한 방법과 노력을 모두 동원해 위기를 잘 넘긴다. 여기서 '즐겁다'는 의미는 조금 다른데 겉으로 보이는 모습이나 물리적 형태로 봤을 때는 쉽지 않고 힘든 일을 하는 경우도 많다. 다만 그 일을 '천직이라 여기고 즐거운 마음'으로 하는 것이 차이라는 것이다. 이 유형의 사람들은 성공하기까지는 상당한 노력과 실패를 경험하곤 하지만, 시간이 흐르고 나면 적절한 때를 타서 거의 성공을 한다. 왜냐하면 실패하더라도 스스로가 원하고 좋아하니까 끊임없이 도전하는 것이다.

이 세상에 어느 것 하나 쉬운 일이란 없다. 설령 좋아하는 일을 하더라도 힘든 건 역시 마찬가지다. 하지만 적어도 현재 하고 있는 일에 더 큰 열정을 가지고 천직이라 생각한다면 일은 쉽고 즐겁게 느껴질 것이다.

무조건 긍정적인 마음을 갖는 것과는 분명히 다르다. 그냥 현재 일에 대해 '좋은 거야'라고 세뇌시키는 것도 좋지 않다. 자신이 의미를 부여해 보고, 아무리 생각해도 아니라고 생각하면 나이에 관계없이 새로운 관점으로 생각하고 관련된 실천을 해보아야 한다. 때론 '나만큼 고생한 사람 나와 보라 그래!' 하고 당당하게 외칠 수 있을 만큼 노력을 해보는 것도 좋을 것이다. 정말로 '세상에 쉬운 일이 없다'면 적어도 내가 쉽게 할 수 있는, 잘할 수 있는, 즐거운 일을 찾아가는 것이 행복한 직장 생활을 해나가는 현명한 선택일 것이다.

모든 동료와
원만히 지낼 필요는 없다

당신이 진정으로 직장 생활 행복의 질을 높이고자 한다면, 모든 직장동료와 좋은 관계로 원만히 지낼 필요는 없다. 모든 직장동료가 당신의 마음에 들 수도 없을뿐더러 당신 또한 모든 직장 동료들로부터 마음에 들 수는 없다. 일을 하다 보면 누군가가 당신에게 화를 내거나 실망하게 된다는 사실은 불가피하게 발생한다. 당신이 누군가와 원만하고 좋은 관계를 구축하려고 애쓰는 동안, 다른 누군가는 실망하게 만들 수밖에 없기 때문이다. 당신의 의도가 정말 순수하고 호의적인 것이었다 할지라도, 주변 사람들을 한꺼번에 다 만족시킬 수는 없는 노릇이다. 그렇기 때문에 만약 두 사람, 혹은 그 이상의 동료들이 당신을 원하고 당신에게 무엇인가를 바란다면 반드시 누군가 한 명은 실망하게 마련이다. 시간은 한정되어 있는데 한꺼번에 수십 가지 바람들이 쏟아진다면, 놓치는 것이 생길 수밖에 없으며, 실수하는 것은 당연한 일이다. 당신을 둘러싸고 있는 주변의 상사나 부하 직원, 주변 관련 부서나 협력업체 사람들 모두는 당신이 무언가를 해주기를 바란다. 그러나 문제는 바로 그때 하나의 일과 연관되어 있다 하더라도 각각의 역할과 책임에 따라 이해관계가 다르기 때문에 누군가에 대한 최선의 노력이 또 다른 누군가에게는 최악의 결과를 초래할 수도 있다. 그러므로 모든 동료들과 원만히 지낼 필요는 없는 것이다. 물론 그럴지라도 그 누구와도 적은 만들지 않도록 주의를 기울여야 한다. 당신에게 직장 생활의 위험을 가져다주는 것은 아홉 명의 우호적 관계의 동료직원이 아니라 단 한 명의 동료직원에 의한 경우가 대부분이다.

아무리 노력을 한다 해도 모든 사람을 만족시킬 수는 없다. 하지만 직장 생활이란 그러기 마련이라는 사실을 편안하게 받아들이면, 당신의 어깨가 한결 가벼워질 것이다. 당신이 일부러 누군가를 아프게 하거나 실망시키려고 하는 것은 절대 아니니까. 사실 우리 모두는 가능한 모든 노력을 기울인다. 모든 동료와 원만하게 지내지 못한다고 해서 실망하거나 죄책감을 느끼기보다는 속으로 참으면서 애틋한 마음을 가지는 것이 좋다.

당신이 그냥 내버려두어도 어느 순간이 되면 필연이던 숙명이던 당신이 밀쳐내도 당신 주위에 남을 사람은 남을 것이고, 당신이 아무리 같이 하고자 해도 떠날 사람은 떠날 것이니 실망하지도 말고, 맘 끓이지 마라. 그러니 좋은 관계면 좋은 관계로 좋지 않은 관계면 좋지 않은 관계로 떠날 때 아쉬워하고 올 때 반갑게 맞이하고 소박하고 소담한 직장 생활을 하도록 하자.

절대로 무슨 일이 있어도
뒤에서 험담하지
말아야 한다   직장동료와 공통된 주제를 가지고 즐겁게 이야기하는 것은 매우 유익하고 즐거운 일이다. 하지만 주변 동료를 대상으로 절대로 무슨 일이 있어도 입에 올리면 안 된다. 특히 험담은 더욱 해서는 안 된다.

　여기에는 매우 중요한 이유가 있다. 무엇보다도 험담은 듣기에 안 좋을뿐더러, 당신의 모습을 보기 싫게 만든다. 누구나 앞에서는 호응하는 듯 하지만 뒤에서 남을 깎아내리는 사람을 보면 험담하는 바로 그 사람의 인격을 의심한다. 사람들 앞에서는 웃는 얼굴로 듣기 좋은 말을 늘어놓으면서 뒤에서는 완전히 다른 말을 하는 이중인격자로까지 느낄 수 있기 때문이다. 가슴속에 담고 있던 말들을 여기저기 이야기 하고 다닌다면 잠깐 동안은 홀가분하겠지만 그 말들로 인해 근심거리를 만들어내기도 한다. 누군가에 대한 말을 내뱉는 순간, 당신은 누군가가 자신이 험담한 사실을 듣는 것을 원하지 않기 때문이다. 누군가를 험담하면, 결국 당신의 얘기를 듣고 있는 바로 그 사람들의 존경과 신뢰를 잃고 만다. 당신이 얘기를 나누고 있는 사람들 역시 친구나 직장동료라는 사실을 잊지 마라. 당신 얘기 듣기를 즐기는 것처럼 보이고 함께 다른 사람을 험담하는 것 같지만, 그들 중 일부는 당신이 뒷말하기를 좋아하는 사람이라는 것을 기억할 것이다. 물론 처음에는 잘 모르겠지만 언젠가 문득 '저 친구가 나중에 또 다른 사람 험담을 할 때, 내 얘기를 할지 누가 알겠어?'라고 생각할지도 모른다. 게다가 그들은 남말하는 사람들은 어디서나 남 말하기 좋아한다는 사실을 잘 알고 있다. 누구도 완벽할 수는 없다. 악의 없는 말이나 그저 주변 살아가는 이야기에 대해 나누는 이야기가 아닌 험담은 결국 당신의 큰 스트레스가 되거나 당신의 평판에 누가 되어 직장 생활에 있어 치명적 위기를 초래하게 될 것이다.

염량세태에 상처 받지 마라, 직장 생활이란 게 그런 거다

직장 생활을 오래도록 하다 보면 직급이나 위치에 따라 동료나 관계자들의 대우가 달라짐을 느끼면서 서운한 감정을 느끼거나 더 나아가서 상처를 받기도 할 것이다. 그러나 이해관계, 이해득실에 따라 달라지는 현상은 지극히 당연한 직장 생활의 과정이라 여기고 초월하여야 할 것이다. 당신이 어느 정도 간부가 되고, 어떤 프로젝트에 결정권을 가지고 있을 때는 당신의 뜻에 영합하고 온갖 친절을 베풀다가도, 일과 직접적인 이해관계나 영향력이 없어지면 갑작스럽게 냉정하게 대하는 것이 직장 생활이나 세상살이의 인정이다. 얼마나 일상적으로 벌어지는 현상이었으면 더웠다가 식었다 한다고 해서 염량세태炎凉世態라는 말이 나왔을까? 그러므로 직장 생활을 하면서 어떤 위치에 있던지 언제나 평정한 기운과 냉철한 마음으로 이 같은 직장 생활의 인정에 대응하여 심한 감정대립을 피해야 한다. 또한 서운한 감정을 표현하거나 상처받을 필요도 없다. 모든 일에 있어서 원만하게 처세하면 그뿐인 것이다.

올라가려거든 긍정적인 생각과 태도를 가져야 한다

물이 반 정도 담겨 있는 컵을 보고 물이 반이나 찼다고 긍정적으로 바라볼 것인가? 아니면 물이 반밖에 안 남았다고 비관적으로 바라볼 것인가? 똑같은 상황에서 바라보고 말하는 관점은 사람마다 모두 다를 수 있다. 사소한 현상이나 사실부터 중요한 일까지 어떠한 관점에서 바라보고 말하는가에 따라 당신의 직장에서의 성공과 실패, 직장 생활에서의 행복과 불행에 대한 것을 예측할 수 있다고 한다면 너무 비약적이라고 생각이 드는가?

하지만 분명한 사실은 비관적인 성향의 직장인보다는 긍정적인 성향의 직원이 더욱 더 인정받는 게 현실이라는 것이다. 당신이 어떤 성향으로 근무하는지는 당신의 권리이자 자유이지만 긍정적인 사고로 성공의 이미지를 주는 사람을 승진시키는 것은 회사의 권리이다. 비관적 성향의 사람들은 자신의 세계관에 자부심을 갖는 경향이 있다. 그들은 세상을 직시하기보다 온통 장밋빛으로 보는 낙관주의자들의 순진함을 비판한다. 그러나 이런 비관주의자들이 보지 못하는 것은, 경영자들의 눈에는 그들의 비관적인 태도가 패배주의처럼 비친다는 것이다. 비관주의자들이 회사의 높은 자리에까지 오르는 경우는 거의 없다. 비관주의자들은 의심하고, 비판하며, 눈에 찰 때까지 칭찬에 인색하다. 회사를 위한 어떤 아이디어나 열정에도 들뜬 모습을 보이지 않는다. 그들은 현 상황의 가능성과 잠재적 기회보다는 제한적인 현실에 더 집착하여 회사의 가능성과 발전 가능성을 가로막는 장애요인으로 비칠 수 있다. 경영자는 긍정적인 직원들이 성공을 이끌어내고 근무 의욕을 고취시킨다고 생각하기 때문에 회사를 맡기면 원하는 목표를 이룰 수 있을 것이라고 기대하지만 비관적인 직원들에게 회사를 맡기면 현재 상태에서 조금도 나아지지 않을 것이라고 생각한다. 그럴 수밖에 없는 이유가 긍정적인 직원들은 주변 상황을 보다 긍정적으로 바라보고 가능성을 찾고 문제를 해결하려 하기 때문에 훨씬 성공적으로 일을 처리할 가능성이 크다.

물론 무조건 마치 아무 문제가 없다는 듯이 억지 미소를 지으라는 것이 아니다. 문제는 언제 어디서나 불거질 수 있다. 그런 문제들은 가능한 빨리 해결해야만 한다. 이때 긍정적인 직원들은 문제에 대한 해결 방법을 찾는 것에 대하여 주저하지 않고 의욕적으로 하는 것에 반해 비관적인 직원들은 문제에 몰입한 나머지 두려움과 일에 대한 의욕을 상실하여 문제 해결에 어려움을 나타낸다. 직장 생활을 하면서 수많은 상황과 마주치게 되는데 긍정적으로 생각하면 어떤 문제도 해결할 수 있다는 자신감이 생기며, 창의적으로 해결할 수 있는 방법을 이끌어낸다. 궁극적으로 이러한 긍정적 생각과 태도는 리더가 지녀야 할 가장 중요한 자질인 것이다.

직장 생활의 행복은
살아남는 자의 것이다

어차피 자신감 있게 회사를 박차고 나올 용기가 없거나 직장 생활을 하지 않고 살아갈 수 없는 상황에 처해 있다면 직장 생활의 행복은 살아남는 자의 것이다. 인생을 살면서 '개똥밭에 굴러도 이승이 낫다'는 말이 있듯이 직장 생활의 행복은 직장에서 오래도록 살아남는 자에게 돌아간다. 한때 직장인들에게 선풍적인 인기를 얻었던 드라마 '미생'에서 회사를 그만두고 나가서 사업을 하다 망한 선배가 술자리에서 내뱉은 명대사 중 "회사가 전쟁터라고? 밀어낼 때까지 그만두지 마라. 밖은 지옥이다"라는 말이 가슴 깊게 와 닿는다.

누구나가 꿈꾸는 여유롭고 자유로우며 자신이 원하는 삶을 살아간다면 더할 나위 없이 행복하겠지만 아침에 눈 뜨면 기계적으로 출근하더라도 내가 일할 직장이 어딘가 있어 갈 곳이 있다는 것만으로도 직장 생활은 행복한 것이다.

준비 없는 또는 준비가 안 된 상태로 막연히 직장 생활이 힘들다는 생각이나 더 좋은 직장으로의 이직을 생각하며 안정적인(물론 이 시대에는 안정적인 직장은 존재하지 않지만) 직장을 포기한다면, 바로 현실적으로 경제적인 어려움에 직면하여 정신적으로 굉장히 불안해진다. 아울러 힘들게 직장 생활을 했던 그 소소한 생활 하나하나가 그리움으로 다가올 것이다. 무엇보다도 미지의 세계를 새로 개척해야 하는 외로움과 고통을 감수해야 할 것이다. 그러므로 정말

맘대로 쉬고, 적당히 일하고 싶으면 조용히 회사에 오래도록 다녀
라. 직장 생활의 소소한 행복은 결국 직장에서 살아남는 자의 것
이다.

❷
직장 생활에는 일정한 질서와 규칙이 있다

| 자연의 법칙을 통해 본
| 질서와 규칙

모든 직장인은 직장이라는 조직의 한 일원에 불과한 존재이다.

직장 생활을 영위하며 살아가는 우리 직장인은 기업이라는 조직 속의 한 존재에 불과한 부속품과도 같은 존재이다. 그 속에서 우리 직장인 각자의 역할들 사이의 질서가 유지되고 있다. 혹시라도 그 질서에 어긋나면 가차 없이 조직에서 내팽개쳐지게 되는 것이다. 행복한 직장인, 행복한 기업을 향한 조화로운 직장 생활을 위한 몇 가지 자연의 법칙(정신적인 법칙)을 한번 살펴보자.

첫째, 뿌린 대로 거둔다는 '인과율'의 법칙이다. 우리가 올바른 직장 생활을 하고자 노력할 때, 에너지, 건강, 행복감, 안정감을 얻을 수 있다.

둘째, 지속적인 발달의 법칙에 따라 끊임없이 변화하며 흘러가는 '에너지'의 법칙이다. 모든 것은 생길 때부터 일정한 양의 생명에너지를 기본적으로 가지고 나온다. 우리의 몸과 마음도 끊임없이 재충전해주자. 그러기 위해서 집중과 휴식의 조화로운 삶을 통해 에너지를 효율적으로 사용하여야 한다.

셋째, 인간관계의 문을 열 수 있는 열쇠와도 같은 '공명'의 법칙이다. 직장 생활을 하다 보면 내 눈에 거슬리는 모든 것들이 내 안에도 있다. 내가 다른 사람의 흉을 잡거나 아니면 다른 사람의 어떤 부분이 내 맘에 들지 않을 땐 십중팔구 내 안에도 그 사람의 결점과 일치하는 무언가가 똑같이 진동하기 있기 때문이다. 비슷한 우리 속담으로는 유유상종이라는 말이 있다. 자신을 알아가는 과정에서 타산지석으로 삼을 수 있는 사람들을 '시금석'이라 불린다. 우리를 비추는 거울 같은 사람, 우리의 행동을 돌아보게 만드는 사람들이 있다면 우리 스스로도 타인의 시금석이 될 수도 있다. 그러므로 우리는 우리가 하는 말, 생각, 하물며 즐겨 부르는 노래까지 우리에게 힘을 주고 희망을 주는 내용만을 선별해서 받아들여야 한다. 어떤 부정적인 기운도 나에게 공명을 이루지 못하고 튕겨져 나가도록 우리의 에너지를 열정과 희망의 에너지로 가득 채워야 할 것이다.

넷째, '직장 생활과 사생활 일치'의 법칙이다. 자연의 법칙은 직장 생활과 사생활을 구분하지 않는다. 일관성 있는 태도를 가져야 한다. 직장 밖에서 행복을 찾지 못하는 이들은 업무에 빠져들어 오랜 시간 일만 하며 살기도 한다. 혹은 직장 생활에서의 실패를 지나친 여가활동을 통해 상쇄하려는 사람도 있다. 이 또한 조화로운 균형을 깨뜨리는 것이며, 우리의 몸과 마음에 악영향을 미친다.

다섯째, 돌멩이 하나만 밀었는데 전체가 흔들리는 '동행동고'의 법칙이다. 이 법칙은 상호작용하는 매커니즘이다. 같은 직장 내에서 누군가 한사람이 올바르지 못한 태도를 지니고 있으면 동료들도 항상 고통을 겪거나 에너지를 잃게 된다.

거대한 직장의 복잡함을 생각해보라 그 속에서 당신이 차지하는 부분은 얼마나 미미한가? 무한의 시간을 생각해 보라. 당신에게 할당된 시간은 그저 순식간에 지나가 버리는 찰나에 불과하다. 우리 인간은 조직 앞에 얼마나 무기력한 존재인가? 당신은 직장인의 한 명에 불과하며, 잠깐 일하러 왔다가 사라질 존재일 뿐이다.

생물학적 법칙을 통해 본 질서와 규칙

기업은 살아있는 생명체다. 기업을 이루고 있는 것은 살아있는 생명인 구성원들이다. 구성원 하나하나가 모여서 직장을 이루고 기업을 이룬다. 기업도 생존 특성상 변화와 혁신을 하지 않으면 살아남을 수 없다. 그래서 늘 새로운 시도를 하고 실패를 하기도 하고 성공하기도 한다. 그 결과로 지금 기업들은 살아남은 거다. 기업은 살아있는 생명체이기 때문에 그 안에서 생활을 영위하는 모든 직장인을 책임져야 하기에 어떤 방법으로든 이익을 내야 한다. 즉, 기업도 먹고 살아야 한다는 것이다. 상법에서도 기업은 많은 사람이 모인 특정된 사람으로 인정하여 등록번호를 부여하였으며 사람처럼 벌어 먹고살라는 뜻으로 법인이라는 정식 명칭도 부여하고 있다. 인간과 같이 태어나고(창업), 결혼(합병)하고, 이혼(분할)하고 사망(파산)도 한다.

자연인(인간)	법인(기업)
성명	법인명
주민등록번호	사업자등록번호
얼굴	로고
성격	기업문화
역량	역량
꿈	비전
음식	이윤
세포	구성원
태어남	창업
결혼/이혼	합병/분할
사망	파산
최고가치 : 행복	최고가치 : 행복경영

인간의 욕망이 건강하게 오래 사는 것처럼, 말을 하지는 못하지만 기업도 건강하게 오래 사는 거라고 할 수 있을 것이다. 기업의 살림살이를 체크하는 기업회계기준을 보면 그 전제가 지속적으로 성장하는 것(Going Concern)을 기본가정으로 깔고 있다. 그렇기 때문에 기업이 살기 위해선 진화의 노력이 반드시 필요하다.

사람은 누구나 건강에 관심을 갖고 있다. 그래서 우리는 운동을 한다. 운동을 통해 우리 몸속의 많은 세포들을 활성화시키고, 활성화된 세포들은 우리 몸의 신진대사를 도와 젊음을 유지할 수 있도록 도와준다. 만일 기업을 우리의 몸에 비교한다면 기업은 많은 구성원이 모여서 이루어진 생명체라 할 수 있다. 기업이 일련의 노력을 통해 꾸준히 진화해 간다면 그 속에 존재하는 구성원들도 활기차게 생활할 수 있을 것이다. 그리고 구성원들이 왕성하게 활동을 하게 되면 기업은 또다시 성장해 나갈 수 있게 되는 것이며, 결국 기업은 항상 젊음을 유지할 수 있게 되는 것이다. 이것이 바로 기업의 진화이며 발전이 되는 셈이다. 그래서 젊은 기업은 항상 밝고 활기차다. 내가 속해 있는 기업이 항상 젊은 모습으로 활기차기를 바라는가? 그렇다면 그 속에서 세포 역할을 하고 있는 우리 자신 하나하나가 활기차게 움직여야 된다. 세포가 활동을 멈추게 되면 우리 몸의 일부가 괴사하기 시작하는 것처럼 조직도 '나 하나쯤이야'라는 안일한 생각에서 벗어나야 한다. 우리가 건강을 위해 운동하는 것처럼 조직을 위해 항상 우리를 갈고 닦는 노력을 게을리하지 말아야 할 것이다. 더불어 늘 활기찬 생활을 한다면 분명 내가 속해 있는 회사, 조직은 늘 젊음을 유지하게 될 것이다. 그리고 그 젊음은 다시 우리에게 보답해줄 것이다.

종교학적 법칙을 통해 본
질서와 규칙

신은 스스로 돕는 자를 돕는다고 하였다. 우리는 스스로 행운을 만들 수 있다. 어떤 방법으로도 행운을 만드는 방법은 있다. 우리 주변만 살펴봐도 스스로 운을 만드는 사람들을 많이 볼 수 있다. 극단적으로 생각해보자. 우리가 운에 대하여 취할 수 있는 조치가 아무것도 없다면, 모든 사람이 운을 얻는 정도가 공평해야 할 것이다. 그러나 운은 절대로 공평하지 않다. 어떤 사람들은 항상 운이 좋고, 어떤 사람들은 항상 운이 나쁘다. 분명 거기에는 이유가 있다.

대부분의 사람들은 운이란 주사위나 동전을 던지는 것으로 생각하기에 행운이 찾아오게 해야겠다는 생각은 하지 못한다. 운이 좋은 사람들은 단순히 사주팔자가 좋거나 조상을 잘 만났다거나 행운을 타고났다고 생각하고 만다. 그래서 그들은 항상 운이 나쁜 것이다. 그럼 어떻게 해야 할까? 우리는 신은 스스로 돕는 자를 돕는다는 것을 알아야 한다. 그렇기에 가장 먼저 할 일은 운에 관심을 갖는 일이다. 그것은 입을 벌리고 하늘에서 감이 떨어지기를 기다리는 것과는 전혀 다르다. 오히려 그 반대로, 운은 스스로 만들 수 있다. 운이 좋은 사람이 되고 싶다면 운에 대하여 배우고 관심을 갖는 자세가 필요하다. 성공한 사람들에게서 성공을 위한 요소를 배우듯 먼저 운이 좋은 사람들에게서 배울 점을 찾아보자. 운이 좋은 사람들처럼 행동해 보라. 행운이 당신에게 다가설 것이다.

생각은 사람의 행동과 운명까지도 결정짓는다. 그렇기에 사고의 질이 삶의 수준을 결정한다.

행운에는 행복이 따르고, 불운에는 불행이 따른다. 이 책을 읽은 모든 이들에게 항상 행복이 함께 하기를 바라며, 항상 좋은 일만 생기길 기원한다. 이 책을 읽고서 행복해질 수 있는 방법을 터득하길 바란다. 그러면 당신도 행운이 당신을 위하여 일을 하게 될 것이다. 이 책을 택한 것은 당신에게 운이 있다는 증거다. 이 책에 나온 내용들을 생각하면서 행운과 행복이 따랐듯이 당신에게도 틀림없이 행운과 행복이 따를 거라고 생각한다.

양자역학 법칙을 통해 본 질서와 규칙

직장 생활은 대충 아무렇게나 굴러가는 것 같지만 면면히 살펴보면 제멋대로 된 것이 없다. 우리가 직장의 존재에 대한 이치를 깨닫고 직장 생활의 방도를 찾는다면 우리는 보다 행복해 질 수 있다.

우리가 생활하고 있는 직장은 완벽히 알 수는 없지만 분명한 원칙과 법칙을 통해 유지, 발전되는 것을 발견할 수 있다.

상사와 부하 직원, 동료들과의 수수작용授受作用에 의하여 조직이 존재하게 되며 회사가 움직인다. 그리고 이러한 상호작용을 통하여 일이 진행되고 회사가 성장 발전해 나간다.

우리 직장인도 직장 생활에 있어서 관계와 유대 속에서 직장 생활의 항해술을 배워간다. 즉, 직장 생활을 즐길 줄 알고 행복해지기 위해서는 회사와 동료 선후배들과의 인간관계 속에서 모든 일을 풀어나가는 것이 무엇보다 중요하다.

우리는 살면서 직장 생활을 어떻게 해나가느냐에 따라 운명도 행복도 결정되어지는 것을 알 수 있다.

사원의 인재상은 생동감 넘치는 노력형이다. 전 직급에서 유일하게 노력하는 모습 자체가 좋은 인재의 잣대가 되는 시기이다. 밝게 웃으며 인사하고 경청하는 자세로 선배들의 이야기를 듣는다면 분명 예쁨과 사랑을 듬뿍 받는 사원이 될 것이다. 작은 일이라도 불평하지 말고 하나라도 더 배우겠다는 마음으로 일해야 한다. 하찮아 보이는 작은 일 처리부터 잘해야 기본이 바로 서게 된다. 아직은 직장 생활에 대한 내공이 부족하니 선배들의 의도를 빠르게 눈치채는 기술도 필요하다. 직장 생활에 도움을 줄 멘토를 만들어서 적극 활용하는 것도 좋은 모습이다. 멘티로서 배움의 자세를 잃지 않아야 멘토도 좋은 길잡이가 되어줄 것이다. 친해졌다고 해서 예의에 어긋나는 행동은 조심해야 한다.

직장 생활에 있어서 대리에게 바라는 인재상은 실무능력이다. 어느 정도 경력이 쌓이고 일도 능숙해졌으니 슬슬 제 실력을 보여줘야 할 단계이다. 그래서 대리라면 핵심 실무진으로서 어떤 일을 맡겨도 손색 없는 실무능력이 필수다. 실무능력을 향상시키려면 일을 많이 해보는 것도 좋지만 전문적인 지식을 쌓는 것도 게을리하지 말아야 한다. 업무에 대해 자신감이 붙어 일할 시기지만 자신이 아는 것이 전부가 아님을 명심하여야 한다. 세상은 넓고 능력자는 많다. 전문 서적을 읽는 등 자기계발을 위해 노력하는 모습을 보인다면 주변에서도 능력 있는 직원으로 인정하게 될 것이다.

과장은 실무와 관리를 둘 다 잘해야 하는 직급이다. 대리를 거쳐 실무에 익숙할 때쯤 회사에서는 한 가지 능력을 더 추가하길 원한다. 바로 관리자의 능력이다. 과장은 중간관리자의 입장에서 중요한 역할을 수행해야 한다. 승진을 했음에도 실무만 하려고 한다던가, 실무는 놓고 사내 인간관계만 열중한다면 나도 모르게 누군가에게 미운털 박힐 수 있으니 조심해야 한다. 물론 두 가지 업무를 모두 잘한다는 것은 쉽지만은 않다. 처음부터 과장으로 태어난 것도 아니니 중간관리자 역할이 어색하게 느껴질 수도 있지만 자신이 관리자와 실무자로서의 역할 비중만 잘 조절한다면 상사에서 인정받고 부하 직원들에게 존경 받는 과장이 되어 있을 것이다.

부장급 정도 되면 회사에서 웬만한 산전수전을 다 겪은 위치다. 어느새 시키는 일이 익숙해지고 뭐든 다 알아야 하는 사람처럼 비춰진다. 그래서 다른 사람에게 뭔가 물어보기가 어렵다. 시대는 끊임없이 변해 가는데 커리어가 있으니 누군가에게 무엇을 배운다는 게 쉽지 않다. 하지만 부장급은 프로의 인재상으로 정체성을 완성하는 시기이다. 부장급은 임원급이 되기 위한 전 단계인 만큼 진정한 리더로서 통찰력을 기를 수 있는 능력을 갖추는 것이 중요하다.

직장 생활에 있어서 진정한 행복과 성공은 이미 신입사원 때부터 시작된다. 좋은 태도와 기본역량을 갖추고 있으면 직장상사의 사랑과 정성으로 보호 받고 행복한 직장 생활을 누리며 직장 생활 전체적으로도 행복할 가능성이 높아진다.

화학적 법칙을 통해 본 질서와 규칙

프랑스의 화학자 라부아지에(Lavoisier)에 의해서 발견된 질량보존의 법칙은 화학반응의 전후에서 원물질原物質을 구성하는 성분은 모두 생성물질을 구성하는 성분으로 변할 뿐이며 물질이 소멸하거나 또는 무無에서 물질이 생기지 않는다는 법칙으로 우리 직장인의 삶에도 이러한 질량보존의 법칙이 작용하고 있다. 직장에는 '사무실 질량 보존의 법칙'이 있다. 불합리한 요구를 일삼고 폭언을 퍼부어대는 분노조절장애 상사, 은근슬쩍 내 공로를 가로채고는 상사에게 아첨만 하는 얌체 동료, 업무 기본도 없으면서 안하무인 성격의 무개념 후배 등 이런 이야기를 글로 쓴다면 아마 책 한 권이 될 듯 싶다. 하지만 어쩌겠는가? 사무실 질량 보존의 법칙에 의해 회사를 옮긴다 해도 해결될 문제도 아닌 것을! 어차피 피할 수 없다면 즐기라는 말처럼 그냥 무시하고 지혜롭게 대처하는 방법이 더 자신의 행복을 위하여 유익할 것이다. 좋지 않은 상사, 동료, 선후배들에 대처하는 처세술을 익히도록 하라.

첫째, 그런 못된 부류를 상대하는 것도 업무 중 일부이다. 지독한 상사나 고객 때문에 시달릴 때 우리는 흔히 '아니 일도 바빠 죽겠는데, 내가 왜 이런 진상 때문에 스트레스까지 받아야 해?' 자신을 드라마 속 비운의 주인공으로 설정하는 생각은 스스로를 더 지치고 괴롭게 만들 뿐이다. 생각해 보라. 질량보존의 법칙에 의하면 세상에 그 수많은 직장에 몸 담고 있는 사람들은 다 저마다의 무게로 버텨 내고 있는 것이다. 못된 인간들과 벌어지는 갈등, 그것을 '인간과 인간의 관계'로서 대하지 말고, 보고서를 쓰고 일반적인 업무를 하는 것처럼 그저 수많은 나의 업무 중 하나라고 받아들여야 한다.

둘째, 못된 인간들이 결코 변하지 않는다는 현실을 겸허히 받아들여야 한다. 지금 이 순간에도 수많은 커뮤니티 공간에서 각종 못된 인간들을 바꾸고 개선 시킬 방법을 진지하게 이야기하는 글이 넘쳐난다. 여기서 중요한 문제는 '바뀔 거라고 기대한다'는 점이다. 그 못된 인간들이 우리의 노력 여하에 따라 변할까? 안타까운 현실이지만 대답은 'No'이다. 많은 직장인이 수차례 바꿔보려는 노력에 대한 좌절을 겪으며, 알게 된 것은 '절대로 변하지 않는다'라는 것이다. 그 못된 인간들이 결코 바뀌지 않는다는 것을 인정하라. 그것이 바로 자신을 지키는 방법이다.

셋째, 못된 인간들이 왜 그런 못된 짓을 하는지 이해해 보라. 물론 쉽지 않은 이야기다. 하지만 도대체 왜 그가 진상짓을 부리고 있는지를 한 번 유심히 관찰해볼 필요는 있다. 물론 못된 인간들의 여러 개인적인 사정을 알았다고 해서 우리가 그들을 도와주거나 변화시킬 순 없어도 그 못된 인간들의 못된 행위들에 대해 좀 더 의연해질 수 있을 것이다. 여기서 가장 중요한 것은 '나이기 때문'이 아니라 '그의 문제' 때문에 못된 짓을 한다는 것을 알아야 한다. 당연한 이야기가 아니냐고 말하겠지만 의외로 많은 사람들은 못된 인간들에게 시달리다 보면 그 원인을 자신에게서 찾는다. '내가 뭘 잘못하고 있나?' '내가 제일 만만한 건가' '내가 말 실수 했나?' 등으로 쓸데없이 자신을 탓하며 스트레스를 받게 되는 것이다. 이 부담감에서 벗어나는 것만으로도 훨씬 더 마음이 편해질 수 있다. 당신의 잘못이 아니다. 이것을 알게 되는 것만으로도 얼마나 기분이 좋아지는가?

마지막으로 SOS를 치도록 하라. 보통 우리는 직장에서 관계의 어려움을 겪을 때 그것을 주변에 내보이고 싶어 하지 않는다. 혹시라도 그것 때문에 자신이 무능하고 문제 있다고 평가 받게 될지 모른다는 두려움 때문이다. 하지만 어떻게든 혼자서 해결해보려고 끙끙 앓다 보면 결국 나만 나가떨어질지도 모른다. 그럴 땐 정식적으로 도움을 요청하는 것도 지혜이다. 누구나 자신의 고통이 가장 크게 느껴지는 법이다. 지금 이 상황을 벗어나면 좀 더 좋은 환경이 있을 것만 같지만 어쩌면 또 다른 곳에서는 두 배나 더 심하고 못된 인간과 마주해야 할지도 모른다. 생각보다 많은 직장인이 이렇게 당장의 눈 앞에 처한 고통에서 벗어나기 위해 검증 없이 덜컥 회사를 옮겼다 후회하곤 한다. 무작정 상황에서 벗어나려고만 하기 보다는 앞에서 이야기한 네 가지 대처법을 갖고 직장 생활의 행복을 찾아보도록 하라.

그리고 직장 생활에 있어서 질량보존의 법칙은 '인과응보因果應報'와 '사필귀정事必歸正'으로도 나타난다.

우리 인생은 뿌린 대로 거둬들이고 행한 대로 받게 되어 있다. 자신의 이익을 얻기 위해 남에게 해를 끼치면 반드시 그만큼 자신에게 해가 돌아오게 되어 있다. 또한 무슨 일이든 반드시 올바른 이치대로 돌아가는 게 인생이다. 그러니 힘들고 고통스러워도 확실한 대안을 찾기 전까지는 견디고 또 견디거나 아니면 피할 수 없다면 즐기라는 말처럼 그냥 무시하고 현재를 즐기는 것이 직장 생활 행복을 위한 최상책이다.

사자성어를 통해 본 질서와 규칙

우리 직장인의 삶과 기업의 활동에 있어서 절대적인 질서와 규칙은 '생로병사' '흥망성쇠' '희로애락', 이렇게 세 가지다.

첫째, 우리 직장인 누구나, 어떤 기업이든 예외 없이 반드시 태어나서 늙고 병들어 죽는 생로병사의 과정을 겪는다.

모든 사람의 실체는 썩어 없어지듯 기업도 반드시 언젠가는 사라진다. 그러니 우리의 생이 마치 영원한 것처럼 살거나, 기업의 생존이 영원한 것처럼 생각하지 마라. 죽음과 파산은 늘 당신과 회사의 운명이다. 그러므로 살아 있을 때 행복하기 위해 힘쓰고, 기업이 활동하고 있을 때 행복경영에 힘써야 한다.

둘째, 우리 직장인의 삶이 흥망성쇠의 과정을 지속적으로 반복하듯이 기업도 마찬가지다. 그러니 흥하다고 흥청망청 쓰지 말고 망했다고 좌절하지 마라. 성공했다고 해서 자만하거나 교만하지 말고 쇠하였다고 해서 자포자기하지 말아야 한다.

마지막으로 우리의 인생은 희로애락을 거듭하면서 완성되는 것이고 기업도 이 과정을 거친다. 아침이 밝았다고 해서 놀랄 사람도 저녁에 어두워졌다고 놀랄 사람은 아무도 없을 것이다. 마찬가지로 우리 일상에서, 기업활동에서 일어나는 희로애락을 느끼면서 놀라지 마라. 우리들의 눈앞에 펼쳐지는 모든 일이 봄에 꽃이 피고 여름에 열매가 열리는 것처럼 지극히 정상적이고 예측 가능한 것들이다. 이것은 생로병사나 흥망성쇠나 희로애락의 모든 것에도 동일하게 적용되는 사실이다.

그러므로 우리는 현재의 자신의 위치, 기업의 위치를 겸허하게 받아들이고, 현재의 순간에서 직장인과 이해관계자들의 행복을 극대화 하기 위한 삶을 살아가고 활동을 해나가면 될 뿐이다.

　　　　　　　　직장 생활의 행복을 높이는 것에도 경제학적 법칙이 작용한다. 우리는 행복을 높이기 위해 노력하고 불행을 줄이기 위해 노력해야 한다.

　아래 빗금 중 오른쪽 부분은 행복의 정도이고 왼쪽의 빗금은 불행의 정도다. 우리의 행복과 불행의 정도가 아래 그림과 같다고 할 때 우리가 직장 생활의 만족 수준을 얼마만큼 두느냐에 따라 행복과 불행의 정도가 달라짐을 알 수 있다.

　현재 직장 생활에 대한 만족 수준이 높으면 높을수록 행복의 범위가 커지고 만족 수준이 낮으면 낮을수록 불행의 범위가 커짐을 알 수 있다.

　즉, 우리는 직장 생활의 행복을 높이기 위해서는 행복의 요소를 늘리고 불행의 요소를 낮추고 현재에 대한 만족도를 높여야 한다.

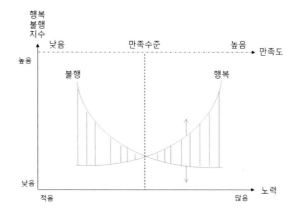

사회학적 요소를 통해 본
질서와 규칙

　　　　　　　　모든 사람은 평등하고 공정한 세상을 꿈꾼다. 하지만 우리가 살아가는 현실은 사회적 불평등과 자연적 불공평성이 공존하며, 아무리 노력해도 바꿀 수 없다고 한다면 너무도 지나친 비약이겠지만, 사실상 개인이 노력한다 해서 웬만해선 바꿀 수 없는 게 현실이다.

　아마도 요즘 우리 사회에 뜨겁게 회자되고 있는 수저 계급론도 그래서 나타난 게 아닌가 싶다. 금수저는 굳이 취업하지 않고도 부모가 물려준 재산으로 살 수 있고 부모가 용돈 주고 차 사주고 집도 사주며 직장까지 구해준 계층을 뜻하며 부모가 남겨주는 풍족한 유산은 덤으로 받는 사람들을 말한다. 은수저는 남들보다 못하는 집은 아니지만 부모가 건실한 직업을 가지고 있어 적당히 일해도 결혼하고 살아가는 데 지장이 없고, 혼기 되면 부모가 집 사주고 아이도 봐주고 노후 준비도 돼 있고 집 한 채 정도 상속해 줄 수 있는 수준의 계층을 말한다. 동수저는 대부분 서민들이 만족하려고 하는 집단으로 부모님이 먹고는 살고 자식에게 집은 못 사줘도 전세 정도는 해주고 노후 걱정이 없지는 않지만 자녀들에게 손 안 벌리고 살 정도의 계층을 말한다. 마지막으로 흙수저는 금수저, 은수저, 동수저 계급에 들지 못하는 경우이며 연애, 결혼, 출산, 대인관계, 내 집 마련을 포기해야 하는 5포 생활 내지 꿈과 희망까지 포기해야 하는 7포 생활을 해야만 하는 계층을 일컫는다.

이러한 현상은 한국 사회의 양극화가 극도로 심화되다 보니 나타난 사회적 현상이라 보여진다. 자산 양극화 및 소득 양극화가 점점 심해지고, 경제불황과 가계부채, 고용불안 등으로 우리 사회 중산층이 붕괴되고 사회적 부의 편중이 심해지면서 사회적 문제를 대표하는 용어들이다.

우리 사회에서 이러한 제도적, 자연적 불평등은 예전에도 있었으며 앞으로도 결코 없어지지 않을 것이다.

사실 민주주의 사회에서 자연적 불공평성은 더욱 더 심각해져 간다는 것이 문제이다. 어떤 이들은 부유하고 권세를 누리는 집안에 태어나서 부귀영화를 누리는데, 어떤 이들은 하류층 집안에서 태어나 평생을 바닥 인생으로 살아야 하는 현실은 불공평하다. 어느 부모에게서 태어났느냐는 자연이 결정하는 것이다. 그렇기 때문에 금수저를 물고 태어나지 않는 한 실패와 좌절은 대부분의 흙수저에겐 항상 일어날 수 있다. 그러나 우리들은 사회적 불평등과 자연적 불공평성을 냉정하게 받아들이고, 본인의 노력을 통해 좀 더 나은 방향으로 한걸음 한걸음 나아가도록 노력할 수밖에 없다. 여기에서 중요한 것은 오뚝이처럼 벌떡 일어설 수 있는 지혜와 능력, 포기하지 않는 열정과 노력이다.

인류학적 요소를 통해 본
질서와 규칙

　　　　　　　　일과 노동은 의식주를 비롯한 우리 인간 생활의 필수품을 얻기 위해 육체적, 정신적 노력을 들이는 신성하고 거룩한 행위이다. 수렵, 어로, 채집으로부터 농업, 수공업, 공장제 산업, 후기 산업 사회로 이어져 오면서 과학기술의 발달에 힘입어 일과 노동은 노고와 고통이라는 점에서는 놀라울 만큼 개선되었지만 인간의 삶은 여전히 일과 노동의 굴레에서 자유롭지 못하다. 앞으로도 일과 노동은 인류의 역사와 더불어 인류가 존재하는 한 함께 할 것이다. 사람들은 일과 휴식이 조화를 이루고 노동과 예술이 하나인 세상을 꿈꿔 왔다. 일과 노동 속에서 기쁨과 보람을 느끼고 삶의 질을 높여 이웃과 더불어 평화롭고 우애로운 세상을 만들어 가는 것이 곧 인류가 꿈꾸어 온 역사이다.

　우리 인간의 삶의 대부분은 노동의 연속이며 인류발전의 원동력이다. 따라서 노동은 신성시 되어야 하고 보호받아야 마땅하다. 인류의 공존 공영의 차원에서 공정한 보상과 배분이 이루어져야 하지만, 현대사회에서는 빈부격차의 심각화로 인한 각종 문제와 노동의 즐거움이 대다수 직장인에게 고통을 안겨주고 있다.

　하지만 이러한 현상도 지속되지는 못할 것이다. 왜냐하면 인간은 궁극적으로 생존을 넘어 즐거움과 행복을 추구하기 때문이다. 그래서 행복경영이 필요한 것이다. 앞으로 직원과 고객의 머리뿐 아니라 마음을 사로잡는 기업이 세상을 주도하게 될 것이다. 이런 흐름 속에서 물질 중심, 주주 중심의 서구적 경영기법이 아닌, 사람을 중심에 두고 이해관계자 모두의 행복을 추구하면서 그들과 함께 성장해 나갈 수 있는 행복경영이 전 세계적으로 확산될 것이다.

너무 늦기 전에 깨달아야 할
행복한 직장의 진실

행복은 자기 자신의
일에 대한 사랑으로부터
시작된다   모든 직장인은 행복하고 성공적인 직장

생활을 꿈꾼다. '사람이 자신의 일로 행복하려면 자신의 일을 사랑

하고 좋아해야 한다. 그렇다고 자신의 일에 너무 집착해서는 안 된

다. 하지만 자신의 일이 성공할 것이라고 굳게 믿어라'라는 러스킨

(Ruskin)의 일에 관한 명언처럼 행복한 직장 생활을 위해서는 자기

자신의 일을 사랑하고 좋아해야 한다.

　지금 당신은 당신의 일을 사랑하고 있는가? 어떤 일이든 상관없

다. 당신이 현재하고 있는 일을 사랑하고 있다면, 당신은 그 일을

위해 무엇이든 하고 싶고 어떠한 경우에도 해낼 용기가 생길 것이

다. 좋아하는 일을 위해서라면 기적이라도 이룰 수 있다. 좋아하

는 일은 사람을 위대하게 만들고 행복하게도 만드는 묘약이다. 한

번이라도 자신의 일을 미치도록 좋아해 본 직장인이라면 알 것이

다. 좋아하는 일을 할 때마다 가슴이 들뜨고 자신이 세상에서 가

장 행복하게 여겨지는 것을. 그리고 그 일에 집중하면 주위가 아무리 시끄러워도 일에만 신경 쓰게 되는 것을. 자신의 일을 사랑하고 좋아한다면, 주위의 시선과 어떠한 비난에도 아랑곳하지 않게된다. 그 일이 좋고, 그 일을 함으로써 이 세상에서 가장 행복하게느껴지기 때문이다. 그리고 그 일이 세상 그 무엇보다 소중하다고여겨진다. 이처럼 자신의 일을 사랑하고 좋아하는 것이야말로 험난한 직장 생활을 평생토록 할 수 있게 만드는 원동력이자 힘들고어려운 고비들을 헤쳐나갈 수 있는 힘이다. 지금 당신 앞에 놓여있는 일을 사랑하고 좋아하는 것, 이 마음가짐이 당신의 일에 대한 성공과 행복한 인생을 결정한다고 해도 과언이 아니다. 누구나인생을 행복하게 보내려면 자신이 좋아하는 일을 해야 하는 것은잘 알고 있다. 그러나 처음부터 자신이 좋아하는 분야를 선택해평생 자신의 직업으로 삼는 사람이 얼마나 될까? 현실적으로 이러한 경우는 극히 드물다고 할 수 있다. 그렇기 때문에 자신에게 주어진 일이 천직이라는 마음으로 즐겁게 받아들이고 일하는 것이매우 중요하다. 주어진 일이라서 어쩔 수 없이 한다는 생각을 버리지 못한다면 절대로 일에 대한 고통에서 벗어날 수 없다.

결국 자신이 좋아하는 일을 추구하기 보다는 자신에게 주어진 일을 좋아하는 것부터 시작하는 것이 좋다. 지금 하고 있는 일이 좋아지고 사랑스러워질 수 있도록, 끝없이 노력하라. 다른 방법은 없다. 그러면 자신도 모르게 직장 생활이 풍요롭고 행복해질 것이다.

검도가 국기인 일본에서 온 국민의 관심을 모으며 해마다 벌어지는 전일본검도선수권대회의 우승자는 세계 최고의 검사劍士로 존경받는다. 1999년에 열린 제45회 전일본검도선수권대회는 역대 대회 중에서도 더 깊은 관심을 모았다. 그것은 바로 운명을 건 이 날의 두 대결자가 친형제였기 때문이다. 형은 미야자키 마사히로, 동생은 미야자키 후미히로로 모두 촉망받는 검사였다. 더구나 제44회 대회에서는 동생 마사히로가 우승해(동생은 그 후로도 총 6회 우승하여 일본 검도계의 전설로 남았다), 과연 대회 2연패가 가능한지가 초미의 관심사였다.

세간의 예측대로 시합은 쉽게 승부가 나지 않았다. 결승전 전에 준결승전을 치른 형 마사히로는 지쳐 보이기는 했지만 결코 물러설 기색이 아니었다. 시합은 두 사람이 머리치기를 주고받아 무승부로 끝나는 바람에 결국 연장전으로 들어갔다. 연장전에서도 승부가 나지 않는 것처럼 보였다. 그런데 경기 종료 직전 동생 후미히로가 형의 머리를 두 번 연속해서 치는 놀라운 기술로 승부를 갈랐다. 경기 종료 후 우승자 후미히로에게 기자들의 질문이 쇄도했다.

"조금 전 2단 머리치기는 평소에 연마한 비장의 기술인가요?"

후미히로가 대답했다.

"아니오. 나는 기술을 의식하지 않았습니다. 그저 내 몸이 알아서 반응한 것이지요."

일본의 검도는 기본기 습득을 대단히 중요하게 여긴다. 기본기 습득은 단순 반복적이어서 지루하고 재미가 없는 것이 보통이다. 그래서 일반인들이 싫어하는 과정이 기본기이다. 그러나 결정적인 순간에 승부를 결정하는 것은 화려한 기술이나 재주가 아니다. 가장 중요한 대결의 순간에는 평소에 갈고 닦은 기본기의 정도가 승부를 가르는 것이다. 우리의 비즈니스의 세계에서도 직장인의 성공과 직장 생활의 행복에 있어서 검도처럼 기본기가 대단히 중요하다.

어느 잡지사에서 사원에서 그룹 회장으로 성공한 소위 '셀러리맨의 신화'를 이룩한 신세계그룹의 구학서 회장에게 CEO로서 성공 노하우를 묻는 질문에 "'부부父父, 자자子子, 군군君君, 신신臣臣'이라는 글귀를 늘 새기며 삽니다. 세상을 살면 살수록 정말 맞는 말이다 싶어요. 사원은 사원답게, 과장은 과장답게, 임원은 임원답게, CEO는 CEO답게만 다들 해준다면 잘못될 회사가 어딨겠어요. 가끔 보면 사원이 자기 능력 있다고 부장 역할을 하려고 나서는가 하면 어떤 경우엔 임원이 됐는데도 부장일 때처럼 행동하는 경우가 있죠. 이런 회사는 잘 될 리가 없지 않겠어요?"라고 이야기했다. 그는 CEO가 된 것도 주위 동료보다 조금 더 열심히 노력하다 보니 지금의 위치에 올랐다고 한다.

그는 CEO를 꿈꾸는 후배들에게 이렇게 이야기했다. "한경에서 연재하고 책으로도 펴낸 CEO 열전을 한번 읽어보라고 얘기해주고 싶어요. 거기 보면 '꼭 CEO가 돼야지'라는 목적의식을 갖고 살았던 이는 아무도 없더군요. 근데 요즘 후배들은 입사 면접 때부터

CEO가 되는 게 꿈이라고 말하는 친구들이 적지 않아요. 꿈을 크게 갖는 것은 좋지만 조급하게 생각하는 건 곤란합니다. 신입사원 시절에는 어떤 잡일이 주어져도 배우는 자세로 묵묵히 내공을 쌓아가야 합니다. 그런 사람이 결국 CEO까지 되지 않겠어요?"

구학서 회장의 이야기는 우리들에게 많은 시사점을 던져주고 있다.

뜻을 세웠으면
그 길을 가라

충실하고 행복한 직장 생활을 위해서는 무슨 일이든 한가지 뜻을 세우고, 그 뜻에 확신과 믿음을 가지고 그것을 달성할 수 있을 때까지 그 길을 가라.

물론 뜻을 세우기 전에 세밀한 조사와 꼼꼼하게 준비를 해야 한다. 전에 그 길을 갔던 이의 길도 한번 살펴보는 것도 도움이 된다. 그래서 이 길이다, 싶으면 뜻을 세워라. 물론 가는 길이 힘들고 고통스럽더라도 포기하지 말고 밀고 나가라.

뜻이란 타인의 강요에 의해 갖는 것이 아니라 무엇을 하겠다고 스스로 마음먹는 것이다. 자신의 내부로부터 꿈과 이상과 함께 솟아나는 강력한 마음이다. 스스로 그런 뜻을 세웠다면 일심불란, 즉 한 눈 팔지 말고 그 뜻을 향해 매진해야 한다.

그렇게 해야만 뜻을 이룰 수 있다. 인생을 사는데도 직장 생활을 하는 데 있어서도 반드시 소원하는 일을 정해 살아야 하는 것은 아니지만, 보다 행복하고 보람된 생활을 위한다면 인생에 한 번뿐인 직장 생활이라는 길을 확실히 내 것으로 하고 싶다면 꿈을 갖고, 뜻을 세우고 그것을 향해 혼신의 노력을 다해야 한다. 그렇게 뜻을 위해 달려가다 보면 자신이 이끄는 직장 생활 속에서 행복을 찾게 될 것이다.

기적은 기적으로만 머물지 않는다. 꿈은 이루고자 간절하게 원하고 노력하는 사람에게만 이루어지는 선물이다.

시련은 행복을 가져다 준다

젊은 어부가 바다에서 고기를 잡고 있었는데 해초가 많아 고기 잡는 데 방해가 되었다. 그래서 젊은 어부는 "독한 약을 풀어서라도 해초를 다 없애버려야겠다"고 이야기하였다. 이를 듣고 있던 늙은 어부가 말했다. "젊은 친구, 해초가 없어지면 물고기의 먹이가 없어지고, 먹이가 없어지면 물고기도 없어지고 말 거라네."

우리는 어떤 장애물이나 시련과 고통이 없어지면 행복할 것으로 믿는다. 그러나 이것들이 없어지면 이를 극복하려던 의욕도 도전과 용기도 함께 없어지게 된다. 오리는 태어날 때 알 껍질을 깨는 고통의 과정을 겪어야만 살아갈 힘을 얻으며, 누군가 알 깨는 것을 도와주면 그 오리는 몇 시간 못 가서 죽고 만다.

우리의 삶도 그렇다. 시련이 있어야 윤기가 나고 생동감이 있게 된다. 시련과 고난이 끊임없이 몰아치는 경우는 없다. 물론 행운도 마찬가지다. 그러므로 자만심으로 우쭐대지도 말고 시련에 빠져도 좌절하지 마라. 미래를 담담하게 받아들이고 그것을 이겨낼 수 있는 힘을 키우며 지속적으로 열심히 사는 것이 무엇보다도 중요하다. 지나간 일은 지나간 일로 잊고 설령 실수를 해도, 실패를 해도 그것을 교훈 삼아 더 큰 도약을 꿈꾸어야 한다. 그런 사람만이 어떤 위기에 처하더라도 반드시 성공할 수 있다.

우리가 사는 세상이 만약 밝은 대낮만 계속 된다면 사람들은 며칠 못 가서 다 쓰러지고 말 것이다. 누구나 어둠을 싫어하지만, 어둠이 있기에 우리는 살아갈 수 있다. 낮도 밤도 모두 우리 삶의 일부인 것이다. 다들 좋은 일만 가득하기를 기대하고 희망한다. 그러나 어둠이 있어야 빛이 더욱 빛나듯 시련이 있어야 삶은 더욱 풍요로워진다. 살아가는 동안 경험하는 수많은 시련 중에 내가 이겨내지 못할 것은 없다. 우리 인생의 삶도 직장 생활에서도 우리가 감당하지 못하거나 해결하지 못할 일은 일어나지 않는다. 신은 우리가 감당할 만큼의 시련과 고통만 준다.

물 흐르듯
생활하라

유유히 흘러가는 강물을 보고 있노라면 마치 우리네 인생살이와 같음을 알 수가 있다. 사람들은 흔히 '법法대로 살아라' '물 흐르듯이 살아라'라는 말을 많이 한다. 법法자는 한자로 물 수 변에 갈 거去자를 쓴다. 즉 물이 가는 대로, 물 흐르듯이 순리대로 살라는 말이다. 그래서인지 예로부터 우리 선인들은 물을 빗대어 후손들에게 삶을 살아가는 많은 지혜를 물려 주었다. 그중에서도 가장 인상 깊고 많은 사람에게 회자되고 있는 것은 노자老子의 가르침이다. 중국의 사상가 노자는 인간수양의 근본을 물이 가진 일곱 가지의 덕목에서 찾아야 한다고 했다. '낮은 곳을 찾아 흐르는 겸손謙遜의 덕, 막히면 돌아갈 줄 아는 지혜智慧의 덕, 구정물도 받아주는 포용包容의 덕, 어떤 그릇에나 담기는 융통融通의 덕, 바위도 뚫는 끈기와 인내忍耐의 덕, 장엄한 폭포처럼 투신하는 용기勇氣의 덕, 유유히 흘러 바다를 이루는 대의大義의 덕' 이것이 바로 노자가 말하는 수유칠덕水有七德이다.

오늘날 우리 사회는 높은 지위에 오르고 많은 돈을 버는 것이 성공한 삶, 행복한 삶의 기준이 되어버렸다. 이렇게 각박하고 메마른 세상 속에서 물이 주는 가르침대로 살아가는 것이야말로 삶을 가장 아름답고 행복하게 살아가는 방법이라 할 수 있다. 자연을 조화롭고 풍요롭게 해주며 세상의 이치에 순응하는 물처럼 자신을 던져 타인을 위해 희생할 줄 아는 무위와 무상, 무욕의 강건한 삶을 살아야 한다. 때론 거침없이, 때론 완급을 조절하며 어디에 있든 주위에 자신을 맞추면서 묵묵히 소임을 다하며 살아야 할 것이고 부드러우면서도 강하고 깊고 그윽하게 낮은 곳으로 임하는 어진 마음으로 살아야 한다. 그렇게 강물처럼 흘러 흘러가다 부딪히는 모든 것들과 소통하며 유유히 흘러가다 보면, 씻기고 비우고 맑아지고 깨우치면서 인생이란 너른 바다에 닿게 될 것이다. 마르고 갈라진 대지를 촉촉하게 적셔주는 빗방울처럼, 아낌없이 다 내어주는 물과 같이 우리의 삶도 그래야만 인생의 참맛과 행복을 더욱더 느끼게 될 것이다.

물도 순탄하지만은 않아 때로는 바위를 만나기도 하고 낭떠러지와 부딪히기도 한다. 그렇다고 앞을 가로막는다고 하여 물이 바위를 깨뜨릴 수 없고, 절벽으로 뛰어내리기 싫다 하여 뒤로 돌아갈 수도 없다. 그럴 때마다 피해 가면 되고, 뛰어내리는 게 물이 흘러가는 이치이다. 우리의 삶도 마찬가지다. 태어나서 죽는 순간까지의 과정이 물처럼 역경과 순탄, 갖은 애환을 겪기 마련이다. 우리는 종종 물을 두고 고인 물로 착각할 때가 있다. 웅덩이 또는 크고 작은 못, 그보다 큰 저수지, 또 그보다 큰 호수 앞에 설 때다. 우리는 물이 멈춘 것으로 착각하지만 멈춘 듯이 보일 뿐이다. 그렇게 고인 물도 언젠가는 바다의 품으로 돌아간다.

윗물이 맑아야
아랫물이 맑다

중국 당나라 때 동소남이란 사람이 살았다. 동소남은 학문이 높고 행실이 바른 선비로 이름이 높았는데 부모에 대한 효도와 형제간의 우애, 그리고 가정의 화목을 제일로 여겼다. 그 때문에 동소남은 벼슬도 마다하고 직접 땔감을 해서 아내의 부업일을 거들었고 또 물고기도 잡았다. 이에 유명한 문장가인 한유는 동소남을 칭송하여 다음과 같은 글을 남기기도 하였다.

'나무꾼도 되고 어부도 되며 요리사도 되어 양친을 위안하니, 부모님도 걱정치 아니하고 처자식도 원망치 않네.'

어느 날 동소남이 키우는 개가 여러 마리의 새끼를 낳았다. 그럼에도 동소남이 나무를 하러 가자 개는 언제나 그랬듯 그를 뒤따랐다. 그러자 동소남이 기르던 암탉이 새끼 강아지들을 대신 품어주었다. 놀란 마을 사람들은 이를 보고 칭찬을 아끼지 않았다.

"동소남의 행실을 자식들이 본받더니, 이제는 그가 기르는 짐승들까지도 바른 행실을 본받는구나!"

무릇 직장에서도 상사의 행실과 태도가 직원 모두에게 파급된다.

국내 기업 최초로 기업윤리 전담조직을 만들고 윤리경영을 선포한 곳이 신세계그룹이다. 1999년 대표이사에 오른 구학서 회장은 윤리경영을 선포하며 일본에서의 경험을 토대로 '신세계 페이'라는 것을 도입했다. 협력사 관계자와 식사를 할 때 회사 영업비로 밥값을 내도록 한 제도다. 구학서 회장은 시작에 앞서 "윤리경영의 절대적인 필요조건은 공감대 형성이다. 그래서 경영진의 솔선수범이 가장 중요하다"고 말하였다.

윤리경영은 이해관계자와의 상생과 동반성장, 신뢰구축이 가능하도록 해주고 지속가능한 성장, 사회적 책임을 다하도록 유도하는 성장과 발전의 가치사슬(Value chain)역할을 한다. 사회 갈등과 양극화 문제 역시 경제주체 각각의 윤리 마인드 재무장과 윤리경영 실천에서 해결의 실마리를 찾을 수 있듯이, 직장 갈등과 직장 내 여러 문제 역시 조직원 각각의 윤리 마인드 재무장과 윤리경영 실천에서 해결책을 찾을 수 있다. 또한 기업의 건전한 성장과 직원의 행복에 있어서도 마찬가지이다. 어디 윤리경영뿐이겠는가? 기업에서 일어나는 모든 활동에서 전 직원의 공감대 형성을 위해서는 윗물이 먼저 맑아야 할 것이다.

| 직장 행복은 노력을 통해
| 충분히 내 것으로
| 만들 수 있다   직장인이라면 누구나 매일 다람쥐 쳇바퀴 돌 듯 반복적인 직장 생활을 하며 살아간다. 그래서 자칫하면 일만 하다 지치고 힘든 심신으로 삶 자체를 망칠 수도 있다. 누군가가 억지로 시킨 것도 아니고 반드시 그래야 할 이유가 있는 것도 아니지만 세상에 태어난 이상 행복하게 살아가야만 한다. 그렇기 때문에 직장 생활에 있어서도 행복을 추구하고 만들어가야만 한다.

행복은 가장 중요한 삶의 화두이자 존재의 목적이기 때문이다. 인생의 행복도 직장 생활의 행복도 가만히 있는다고 해서 누가 해 주거나, 누가 가져다 줄 수 있는 것이 아니다.

직장인은 즐겁고 행복한 직장 생활을 위해 저마다 열심히 노력한다. 기존의 베스트 셀러라고 불리는 많은 책을 보면 대개 성공하면 행복하다는 취지로 이야기 하거나 처세술을 잘하면 즐겁고 행복하다는 등 대부분 일부분만 가지고서 전체의 행복을 위한 방법으로 이야기하고 있다.

물론 삶과 직장 생활의 조화롭고 균형 속에 성공하면 성공 그 자체가 행복일 수 있으나, 대부분 성공한다고 해서 반드시 행복한 것만은 아니다. 오히려 행복한 직장인이 성공한 직장인이라 할 수 있다. 직장 생활도 인생 전체의 한 부분이자 직장에서 보내는 시간이 하루 일과의 대부분을 차지하기에 행복한 삶을 만드는 데 가장 중요한 직장 생활의 행복을 위한 구체적인 노력을 하여야 할 것이다. 이 책의 전체를 통해 제시한 행복을 추구해야 하는 이유와 목적, 실천 가능한 방법과 마음가짐, 태도들을 습득하고 활용하는 훈련을 함으로써 스스로 행복을 만드는 데 많은 도움이 될 수 있을 것이다. 이 책을 읽고 있는 당신은 이미 직장 행복을 위한 최선의 노력을 하고 있는 것이고, 직장 생활의 행복을 충분히 만들어갈 수 있기에 이미 행운이 많은 행복한 직장인이다.

직장인에게 추구하는 가치 2가지를 손꼽으라 하면 어떠할까? 아마 많은 직장인이 성공과 행복이라 말할 것이다. 어쩌면 이들에게 다른 가치는 하나의 수단에 불과할 것이다. 성공과 행복은 동의어가 아니다. 마음으로 행복을 누릴 준비가 되어 있지 않거나, 우리의 삶과 조화와 균형을 이루지 않는다면, 나름대로 아무리 직장에서 물질적으로 높은 연봉을 받거나, 명예를 얻게 되는 성공을 거두었다고 한들 행복할 수 없다. 물질적으로 높은 연봉을 받거나 명예를 얻는 것을 성공의 기준으로 삼아 성공하였다 한들 그것을 이루기 위해, 사랑하는 가족과의 즐거움을 누리는 삶을 포기하거나 건강을 잃거나 주변으로부터 인심을 잃게 된다면 이 얼마나 불행한 삶인가? 이렇듯 성공한 사람이 꼭 행복하리란 법은 없다. 결국 행복과 성공은 같은 말이 아니기 때문이다. 흔히 착각하기 쉬운 또 하나의 것이 행운이 행복이라고 생각하는데 그건 엄밀히 말하자면 행복이 아니다. 행복은 우리가 살아가는 데 있어서의 선택과 노력의 대가이다.

직장 생활을 한다는 것은 결국 동료, 선후배와 함께 하는 것이다. 동료, 선후배를 사랑하고 그 속에서 인생을 즐기는 방법을 스스로 찾아야 할 것이다.

직장에서의 인간관계를 선하고 아름답게 이끌어가는 사람도 행복하다. 당신 스스로 행복하게 생활하고, 당신이 생활하는 직장을 행복한 곳으로 만들도록 하라.

행복의 척도는 당신 안에 있다. 남들의 기준으로 밀어붙인다고 행복해지지 않는다. 스스로 행복을 느끼고 내 의지로 행복에 다가서야 행복해진다. 행복은 기성품처럼 동일하게 만들어져 있는 것이 아니다. 때로는 내 손으로 만들고 때로는 내 눈으로 발견해야만 된다. 내가 맛본 행복을 남들이 재단할 수도 없는 것이며, 행복 찾기는 스스로 찾아가는 활동의 과정이자 결과이다. 행복을 좇는 방향도 저마다 다르기에 모든 사람이 저마다 행복해질 수 있다.

행복과 즐거움을 내일로 미루는 것은 세상에서 살면서 가장 어리석은 짓이다.

직장 생활의 소소한 기쁨이 곧 진정한 행복이다

행복한 직장인은 직장 생활의 사소한 작은 행복을 더 자주 경험하고 더 많은 행복의 씨앗을 뿌린다. 사소한 것에도 자주 행복해하라.

직장 생활 속에서 즐거운 경험, 많은 긍정적 경험을 가진 사람은 행복하다.

소소한 즐거운 경험이 행복을 주는 이유는 소소한 즐거움들이 모여 결국 직장 생활의 뿌듯함과 큰 행복이 되기 때문이다. 그리고 마약 같은 한 번의 강렬하고 짜릿한 경험보다는 작지만 소소하게 일상에서 자주 느낄 수 있는 경험이 더 많은 행복을 준다.

즐겁고 긍정적 경험은 자주 경험할수록 더 많은 행복을 가져다 준다. 그 이유는 사람들은 기억을 통해 과거에 했던 활동과 느꼈던 감정을 떠올리기 때문이다. 그 기억 속의 좋은 경험을 떠올리며 행복을 느끼게 된다.

예를 들면 아이들이 자라서 훗날 성인이 됐을 때 "부모님이랑 같이 어디를 여행을 갔었는데 그때 정말 행복했었어"라고 생각하는 것도, 행복을 느끼기를 바라기 때문이다. 사람들이 공연을 보고 여행을 하는 이유도 이렇게 좋은 경험을 사기 위한 것이다. 그리고 그 경험이 본인에게 가치가 있다고 느껴지면 사람들은 그 경험을 사기 위해 기꺼이 많은 돈을 지불하는 것이다.

지금 불행하다고 느낀다면 그 사람은 기억 속에 떠올릴 좋은 기억이 적다는 것이다. 좋은 기억보다는 나쁜 기억들이 머릿속에 많이 떠오르면 불행하다고 느껴진다.

직장 생활에서 좋은 기억과 긍정적 기억들을 많이 만드는 방법은 첫째, 동료들과 함께 아니면 혼자라도 작은 기념할만한 기분 좋고 즐거운 일을 많이 만드는 것이다. 오늘은 무슨 날이니까 회식을 해야지, 오늘은 누가 무엇을 잘했으니 한 잔 하자 등 이유는 많다.

둘째, 사소한 일이라도 의미부여를 하자. 매일 반복적으로 회사에 출근하더라도 어제와 다른 오늘에 의미를 부여하자. 주변의 달라진 풍경에 주목하면 새로운 오늘에 의미를 부여할 수 있다. 그런 사소한 기억들이 모여서 나쁜 기억들을 몰아내고 좋은 기억이 점점 더 많이 머리에 떠오른다면 그 사람은 행복한 사람이다.

어린아이들은 여름 소나기나 무지개, 깊고 푸른 숲에서 불어오는 바람 소리, 촉촉한 바다 소리와 비 소리, 태양 빛이 이글거리는 고운 모래언덕과 같은 원시적인 자연에서도 행복을 만끽한다. 이처럼 어린아이들과 같이 새롭고 경이로운 경험들을 끊임없이 만들어 가는 것이다.

셋째, 스스로 직장 생활 백 배 즐기기에 대한 실질적이면서도 현실적으로 즐거운 직장 생활을 영위할 수 있는 방안을 만들어 보자. 일을 게임이라 생각하고 일을 완성해 나가는 과정이나 문제를 해결하는 과정을 즐기고, 사무실에서 마시는 차한 잔의 행복, 사무기기를 사용하는 즐거움, 맘에 드는 사람을 골라서 맘 속에 품고서 짝사랑하는 듯한 설렘을 즐긴다거나, 회식이나 회사의 각종 행사를 최대한 이벤트 추억으로 만들어 가는 것 등 수십 가지 즐거움을 만들 수 있을 것이다.

행복하고 즐거운 직장 생활을 누릴 줄 아는 노하우(여유)가 있는가 없는가 하는 것이야말로 우리가 살아가면서 잊지 말아야 할 가장 중요한 요소다. 직장 생활을 즐겁고 행복하게 살아야 할 필요가 있다. 매 순간 감사하면서 충실하게 살면 직장 생활의 소소한 기쁨이 주는 놀라운 기적들과 행복을 경험할 수 있다.

행복, 행복은 그리 멀지 않은 곳에 있다.

행복은 감사로 시작해서 감사로 완성된다

아침에 일어나면서 살아 있음에 감사하고 새로운 하루를 선물 받은 것에 감사하라. 그러면 하루의 시작이 행복으로 시작할 수 있을 것이다.

하루종일 보고 듣고 냄새 맡고 맛보고 느끼는 모든 주위의 것들에 감사하고 기뻐하라. 또한 자신에게 허락하는 범위에서 자신이 원하는 삶의 방향으로 행동하며 즐겨라. 하루하루 주어진 삶을 누리고 즐기는 데 있어서 비교하지 말고 주어진 삶에 항상 감사하라.

누구나 어렵다는 취업 문턱을 넘고 취업에 성공했을 때의 감사와 기쁨, 어려운 일을 해냈을 때나 승진했을 때의 기쁨과 보람, 부대끼면서도 같이 하는 직장 동료, 선후배들과 함께 하는 즐거움과 기쁨을 떠올려 보라. 일에 적응하고 부대끼며 배워나가느라 하루하루가 정신 없는 직장 생활을 하다 보면 왠지 무언가 잃어버린 듯 공허해지며 바닥에 달라붙어서 겨우 숨만 쉬고 허우적거리고 있는 것만 같은 기분을 느끼게 된다. 우리는 하나같이 그렇듯 직장 생활을 한다. 어떤 이는 직장은 돈을 받으면서 자신의 능력을 신장시킬 수 있는 배움과 기회의 장소라고 말을 하기도 하지만 많은 직장인은 배움의 장소는 커녕 시간을 들여 일을 하면서 스트레스 받고 인생을 허비하는 느낌이라며 몸서리치고는 한다. 취업을 했다는 기쁨은 어느새 사라지고 경력을 쌓고 직장 생활에 순응하다 어느 순간 자신도 모르게 현재 상황에 만족하지 못하겠다고 한다. 하지만 잊지 말아야 할 것은 지금 자신이 선택한 직장 생활에 대한 책임을 당당하게 스스로 져야 한다는 것이다. 누구를 원망한다거나 짜증만 내다가는 더 큰 불만족에 휩싸인다.

행복은 멀리 있지 않다. 아침에 출근해서 마시는 차 한 잔에도, 동료와 함께 하는 소박한 직장 생활 곳곳에도 있듯이 행복은 사소한 것에 감동하고 감사하는 것에서 시작한다.

감사하는 마음은 항상 모든 부정적인 마음을 해소시키므로 행복한 삶을 이루도록 해준다.

저녁에 잠자기 전에 잠시나마 편안한 잠을 잘 수 있는 현재에 감사하라. 그러면 하루의 끝을 행복으로 완성할 수 있을 것이다. 우리의 하루하루가 우리 인생을 이루듯이 이렇듯 하루하루가 행복해지면 당신의 직장 생활도 인생도 행복해지는 것이다.

직장의 행복은 롤러코스터다

직장 생활은 다람쥐 쳇바퀴 같다고 말하지만 끊임없이 변화하는 순간순간을 살아간다. 그러므로 우리의 직장 생활은 한 편의 드라마처럼 다이나믹한 것이다. 우리의 직장 생활은 입사와 퇴사, 승진과 좌천, 소소한 것에서 크나큰 희로애락과 더불어 다양한 생활이 어우러져 있다.

직장인 개개인이 수많은 직장 생활의 굴곡을 겪으면서 살아간다. 여러 가지 상황과 함께 변화하는 굴곡에 따라 우리 직장인의 행복은 롤러코스터처럼 행복과 불행 사이를 왔다 갔다 하면서 만들어지는 것이다.

취업에 실패할 때는 매우 힘들어 할 것이며, 좋은 회사 취업에 성공할 때는 세상의 모든 행복을 혼자서 다 가진 행복한 기분을 느끼게 되고, 회사에서 능력을 인정받아 승진의 승진을 거듭하면 행복지수가 높아질 것이나 명예퇴직으로 회사를 그만두게 되면 인생의 나락으로 떨어지는 불행한 느낌을 갖게 될 것이다.

이렇듯 우리의 직장 생활은 살면서 여러 번의 변화를 거치게 되어 있다. 그러므로 직장 생활을 하다가 만나게 될지도 모르는 고난과 고통 등에 연연하지 말고, 항상 현재의 난관을 극복하기 위한, 노력하는 삶과 이것 또한 지나갈 거라는 확신, 내일이나 모레가 오면 좋아질 거라는 확신, 인내하면 겨울이 물러가고 봄이 올 거라는 깊은 본능적 확신과 희망을 품고 사는 삶을 살아야 한다.

직장 생활의 행복에는 정답도, 완벽도 없다

직업에는 수천 가지가 있으며, 직장인들의 취향과 가치관, 삶의 철학도 제각기 다르기 때문에 직장 생활의 행복 또한 어떠한 정답도 완벽도 없다. 물론 그렇다고 해서 직장 생활의 행복을 만들고 키워나가는 방법이 없다는 것이 아니다. 알면 알수록 어렵고 복잡한 것이 사람의 마음이고 사람의 마음에 따라 동일한 상황과 환경에서 행복이 될 수도 불행이 될 수도 있기 때문이다. 이런 것들을 간과하며 살아가고 있기에 하나같이 나만의 직장 생활의 성공과 행복을 찾지 못하는 것이다. 행복은 우리가 느끼는 긍정적이고 즐겁고 풍요로운 마음 상태이기 때문에 우리가 어떻게 생각하고 느끼는지에 따라 다르게 나타난다.

직업 선택에 있어서 어떤 사람은 취업을 했다는 데 대해 기쁨과 행복을 만끽할 수 있으나, 어떤 사람은 남들에게 자랑하거나 과시할 수 있는 많은 연봉에 남들이 흔히 말하는 좋은 회사에 들어가지 못함에 대한 마음으로 불만족스러운 직장 생활을 평생토록 할 수도 있고, 직장에 들어가서도 주어진 업무와 역할, 주변의 동료 선후배와의 인간관계, 직장 생활 환경을 어떻게 받아들이냐에 따라 직장 생활의 행복과 불행이 좌우되기도 한다. 또한 직장 생활에서 얻고자 하는 것이 무엇인지에 따라 좌우된다.

그리고 직장 행복의 기준과 관점은 시간의 흐름에 따라 변한다. 사원, 대리, 과장, 부장, 임원 직급에 따라 모두 다르다. 사원 때는 그저 신나게 일을 배우는 것에서 행복을 느끼고, 대리 때는 실무를 주도적으로 처리함에 있어서의 보람, 과장이나 부장 때는 관리자로서의 뿌듯함, 임원은 회사 경영에 있어서의 행복, 이처럼 시간이 흘러감에 따라 올라가는 직위에 따라서도 달라지게 되는 것이다.

그렇기 때문에 직장 생활의 행복에도 우리 인생과 마찬가지로 정답도, 완벽도 없는 것이다. 직장과 직장 생활의 다름, 시간의 흐름에 따른 기준과 관점의 변화를 이해하고 인정하자. 절대로 남들과 비교하지 말고 당신의 마음을 다스리고, 삶과 직장 생활의 조화와 균형을 찾아가는 각자의 방법만이 직장 생활의 행복을 극대화 시킬 수 있는 것이다.

직장 생활도 리스크(Risk) 관리가 필요하다

오늘날처럼 급변하는 세상에서 직장 생활의 행복을 유지하기 위해서는 반드시 리스크 관리가 필요하다. 물론 능력은 매우 중요하지만, 당신이 설령 충분한 능력을 가졌다 하더라도 환경의 변화에 따라 언제 어디로 내몰릴지 알 수 없다. 누구도 당신의 직장 생활을 보장해주지 않는다. 이제는 우리 스스로가 자신의 미래를 위해 리스크를 관리해야 한다.

'든든한 국내 굴지의 대기업에 있으니 일만 열심히 하면 된다. 감히 나를 누가 어찌할 것인가. 우린 철밥통이니까, 직장동료 의리가 있지' 이런 식의 말들은 '종신직업'과 '평생직장'이 이미 구석기 시대의 유물처럼 사라진 냉혹한 현실 세계에서 행복한 삶을 추구한다면, 당장 당신의 플랜 B를 준비하라. 플랜 B는 미리 준비한 또 하나의 계획이며 숨겨뒀던 새로운 삶의 시나리오다. 그리고 지금 바로 앞에 있는 일을 열심히 하되 리스크를 관리해야 하는 것이다. 그러나 무엇이든 얻어걸리기만을 바라면서 낚싯대를 드리운다면 성공률은 높지 않다. 당신의 적성과 가치관, 살아온 환경에 꼭 맞게 준비해두는 플랜 B는 지금 하고 있는 일과 직장 생활을 보다 안정적이고 성공적으로 만들어주는 동시에 꽤 매력적이고 행복한 인생의 든든한 버팀목이 된다. 위기의 순간 플랜 B를 실행하였을 때, 그것은 위태로운 당신을 구해줄 비상구가 되어줄 것이다. 여러 우물을 기웃거리는 사람보다 한 우물만 파는 사람의 성공률이 훨씬 높다. 그러나 지금 파는 우물이 마를 수도 있다는 사실을 간과하면 이 우물이 수명을 다했을 때 곤란해진다. 다른 곳의 우물을 찾아내기도 전에 목말라 죽을 수도 있다. 미리 확실한 우물을 가지고 있을 때 두 번째 우물을 미리미리 확보해두면 걱정이 덜하다. 또 허겁지겁 우물을 팔 필요도 없으니 여유롭고, 실패의 두려움과 걱정도 필요가 없다. 일자리가 언제 사라질지 몰라 불안해하지 말고 당장 플랜 B를 준비해야 한다.

플랜 B를 고르는 기준도 매우 중요하다. 대게 플랜 B를 선택할 때 가장 중요한 것은 총 3가지다. 내가 할 수 있는 분야의 일인가? 그동안 미치도록 하고 싶었던 일인가? 마지막으로 생계를 유지할 수 있는 경제적 보장이 가능한가? 투잡이나 부업과는 다른 관점으로 접근해야만 할 것이다.

플랜 B를 선택하는 몇 가지를 살펴보자

첫째, Plan A+가 있다. 카피라이터의 캘리그라피, 컴퓨터 프로그래머의 PC방 창업, 영양사의 헬스 트레이너 등과 같이 현재 직업과 연관된 직업을 선택해 플랜 A도 크게 키우고 플랜 B로도 활용하는 경우이다.

둘째, 플랜 B로 일반 직장인이 바리스타, 자영업자의 상담심리사, 전문직 종사자의 일반 직장 귀농 등과 같이 완전히 다른 분야로 업종을 바꾸는 경우이다.

마지막으로 플랜 B+는 직장인의 댄스 스포츠 강사, 공무원의 웹디자이너, 부동산 업자의 사회복지사 등 자신이 평소에 좋아하는 것, 관심이 있는 것이기에 취미로 시작했다가 진지하게 플랜 B로 선택한 경우이다.

어떤 방식이 되었든지, 예기치 않는 인생의 풍파들은 우리가 사는 현실에 늘 있는 일이기 때문에 플랜 B를 통한 삶에 대한 Risk 관리를 한다면 지속적인 행복을 누릴 수 있을 것이다.

일 그 자체에서 행복을 찾고 만들어라

직장인에게 있어 내 젊음과 내 시간과 내 땀방울을 바치고 오히려 피와 살을 나눈 가족보다도 더 오랜 시간 동안 얼굴을 맞댄 채 희로애락을 함께 나누는 사람들이 있는 곳이 바로 직장이다. 그래서 직장 생활을 단지 돈을 버는 수단과 장소라는 개념에서 벗어나 얼마나 만족스럽고 의의를 느끼며 내 땀과 노력을 보상해 주는 직장인지의 여부에 따라 우리의 인생 항로 자체가 크게 바뀔 수 있다. 그러니 정말 죽었다 깨나도 출근하기 싫은 끔찍한 곳이 아니라 월요일이 기다려지는 곳으로 만들기 위해서는 일 자체에서, 직장 생활 자체에서 행복을 찾고 만들어야 한다. 서로 다른 직업을 가진 두 사람이 자신의 일을 소개하였다. 의류판매원이 말했다. "나는 매일 옷더미에 묻혀 지내지만 그래도 철마다 옷이 싹 바뀌니 좋아." 그러자 우체국에서 소인 찍는 직원이 말했다. "나는 매일 다른 일을 하니까 좋아." 그 말을 들은 의류판매원이 "야, 너는 매일 똑같은 일을 반복하는 거 아냐?"라고 하자 우체국 직원이 대꾸하기를 "똑같지 않아, 매일 소인 날짜가 달라"라고 말했다. 물론 이는 일의 따분함을 빗댄 유머이기는 하지만 많은 것을 시사한다. 사실 행복한 삶이 되기 위해서는 '일 자체'에서 행복을 찾아내야 한다.

우리는 가장 잘하는 일을 할 때 느끼는 행복이 가장 완전한 행복임을 본능적으로 알기에 잘하는 일, 하고 싶은 일을 무의식적으로 찾아가게 된다. 일 자체에서 행복을 찾고 만들려면 어찌해야 할까? 첫째, 가장 먼저 해야 할 것은 현재의 일 속에서 행복을 찾아낼 수 있다는 생각의 전환이다. 당신이 하고 있는 일이 하찮아서 뜻을 펼칠 수 없는 것이 아니라, 당신이 보잘 것 없다고 생각하기에 지금의 일이 하찮게 보이는 것이다. 우리는 지금 종사하고 있는 일 속에서 나름의 소소한 행복을 찾지 않으면 안 된다.

둘째, 당신이 하고 있는 사소한 일에도 가치와 의미를 부여하여야 한다. 농부가 인류의 식량문제 해결자라고 생각하면 일에 자부심이 느껴질 것이다. 환경미화원이 자신이 환경보호자라고 생각하면 일에 자부심이 느껴질 것이다.

주방장이 푸드 아티스트라 생각하면 일이 예술활동으로 느껴질 것이고, 의류판매원이 뷰티 코디라고 생각하면 역시 예술가 느낌을 가지게 될 것이다.

셋째, 자신의 영향력 내에 있는 일에 초점을 맞춰야 한다. 일반적으로 직장인의 행복감에 영향을 미치는 분야는 날씨, 경제 상황 등 자신이 통제할 수 없는 분야, 동료와의 우호적 관계 형성 등 어느 정도 스스로 영향력을 행사할 수 있는 분야, 자신의 감정, 태도 등 확실하게 통제가 가능한 분야 3가지이다. 그런데 놀라운 것은 직장인들의 늘어놓는 불평의 대부분은 자신의 통제력이 전혀 닿지 않는 분야라는 것이다. 일을 노동이라 생각하지 않고 일하는 그 자체가 기쁨이고 즐거움이라 생각하는 사람은 평생의 삶이 기쁨이고 행복일 것이다.

피할 수 없다면 즐겨라

어느 직장이나 나름대로 보람도 있지만, 대부분이 갈등은 다 있는 것, 그리고 직장 생활 자체가 갈등과 스트레스의 연속이지 않던가?

'피할 수 없다면 즐겨라'라는 말은 흔히 사람들이 자주 하는 말이다. 그 말이 쓰이지 않는 곳이 거의 없다. 공부할 때도, 건강을 위해 억지로 운동을 해야 할 때도 심지어 인류지대사人倫之大事인 결혼 생활에도 있어서 마찬가지다. 언제 어디서나 본인의 하기 싫은 것을 할 때면 위안 삼아 하게 되는 말이다. 특히 직장 생활에 있어서 가장 많이 듣게 되는 이 말은 여러 사람들의 가슴 속에 각인되어 굉장히 고단하고 피곤한 직장 생활에 귀감을 주고는 한다. 이로 인해 성공한 사람의 책이 있을 정도이니 오죽 하겠는가? 확실히 피할 수 없다면 즐기는 것이 가장 현명한 선택이자 마음이 편하다는 것은 자명한 사실이다. 이와 비슷한 말로 '행복해서 웃는 게 아니라 웃어서 행복한 것이다'가 있다. 아무리 싫더라도 재갈을 물리거나 나갈 수 없는 채 그곳에 있어야만 한다면, 어떻게 해야 할까? 그것에 대한 자위의 문구가 바로 '피할 수 없으면 즐겨라'이다. 그 문구로 인해 사람들은 '힘들고 고통스러워도 참는다'라는 마음을 갖게 된다. 어느 정도의 나쁜 감정을 속으로 삭히는 대신 어떻게 해서든 좋게 생각하려 노력을 하게 되는 것이다. 그 정도면 행복을 위해 매우 좋은 방법이 아니겠는가? 하지만 신기하게도 그런 '피할 수 없으면 즐겨라'라는 마음을 갖고 무엇인가를 하게 되면, 정말 진정으로 즐길 수 있게 되는 기적 같은 일이 발생하고는 한다.

가벼운 수학 이야기를 하나 해 보자. 고1이라면 넉넉히 알 수 있는 이야기이다. '어떤 논제가 참이라면 그 논제의 대우 또한 참이다.'
대우는 배운지 벌서 년 단위로 넘어가니 정확하지는 않지만, 'a는 b다'를 'b가 아니면 a가 아니다'로 바꾸는 것을 의미한다. 그렇다면 우리 사회에서 거의 진실에 가까운 개념으로 쓰이고 있는 '피할 수 없으면 즐겨라'라는 말에 대우를 도입해 보자. 결코 거부할 수 없는, 마치 악마의 속삭임과 같은 문장이 나온다.

"즐길 수 없으니까 피한다."

우리가 어떠한 것을 피하는 이유는 무엇일까. 자, 생각해보자. 우리가 미친놈을 피하는 이유는 미친놈과 함께 있는 것을 즐길 수 없기 때문에 발생하는 일이다. 하지만 개중에는 미친놈과 함께 있는 것을 대수롭지 않게 생각하는 사람이 있다. 그 사람은 미친놈과 함께 있으며 어떤 것에 대한 것을 즐길 수 있는 방법을 터득했기 때문에 가능한 일이다. 혹은 가치 판단에 우위에 의해 그곳에서 느낄 수 있는 유쾌함이 미친놈과 함께 있다는 사실에 대한 불쾌함보다 더 유익하다는 판단을 내렸기 때문에 그곳에 있을 수 있을 때 가능한 일이다. 만약에 위에 두 사항이 없다면, 끝이다. 미친놈의 입에 재갈을 물리던지 그곳을 빠져 나가면 장땡이다. 즐길 수 없으니까 피하게 되는 것이다.

하지만 아무리 싫더라도 재갈을 물리거나 나갈 수 없는 채 그곳에 있어야만 한다면 어떻게 해야 할까. 그것에 대한 자위의 문구가 바로 '피할 수 없으면 즐겨라'이다. 그 문구로 인해 사람들은 '더러워도 참는다'라는 마음을 갖게 된다. 어느 정도의 나쁜 감정을 속으로 삭히는 대신 어떻게 해서든 좋게 생각하려 노력을 하게 된다.

그 정도면 나쁘지 않은 거래다. 모순이라도 좋기만 하면 된다. 등소평의 백묘흑묘론 쯤 되는 것이면 충분히 설명 가능하다.

헌데 묘한 것은 그런 '피할 수 없으면 즐겨라'라는 마음을 갖고 무엇인가를 하게 되면 가끔 진정으로 즐길 수 있게 되는 신기한 일이 발생하고는 한다. 그것은 어째서일까? 지금 이곳에서 논하는 격언이 진실일까?

정확히 해 둬야 할 것이 있다. 지금 이곳에서 즐기게 되는 것은 '피할 수 없어서' 즐기게 된 것이 아니다. '피하지 않다 보니까' 즐기게 된 것이다. 마치 만화와 같은 것이다. 미운 정 쌓이다 보면 좋은 정이 되는 것이다. 아니면 싫은 감정이 무뎌지다 보니 그럭저럭 즐길 수준까지 올라간 것이다.

적어도 내가 알기로는 '피할 수 없으면 즐겨라'는 우리나라 고유의 격언으로 알고 있다. 카르페 디엠도 '오늘에 충실해라'이다. 혹 위인들의 명언록 중에 그런 말이 있다면 이야기가 달라지지만 적어도 내가 아는 외국 격언 중에는 그런 말은 없었다. 그렇다면 어째서 존재하게 되는 걸까? 바로 '맡은 일에 충실히 하는 인간상'을 위한 문구이다. 위에서 기술했듯이 '더러워도 참아라'라는 목적을 가진 문구다. 결국 '피할 수 없으면 즐겨라'는 그저 맡은 일에 불만을 갖지 말고 죽어라고 열심히 일하라는 의미다.

물론 내가 이렇게 써 놓아도, 어떤 일에 대해 '즐길 수 없으니까 피하지'라고 말을 했을 때의 대답은 이럴 것이다. '그래서 안 하겠다고?' 어지간히 사소한 일이 아니라면 그 말에 뭐라 답 한번 못하고 그 일을 수행해야 할 것이다. '피할 수 없으면 즐겨라'라는 말은 거짓이면서도 진실처럼 받아들여지는 격언이다. 결국 우리는 '피할 수 없으면 즐겨라'라는 격언을 피할 수 없어 즐길 수밖에 없는 아이러니한 상황에 빠지게 되었다.

자신만의 필살기가 없다면
자신만의 취미라도 가져라

우리는 지금 어떤 시대에 살고 있는가? 매일 수 많은 직장인이 주요 업무에서 밀려나거나 한직으로 내몰리거나 퇴직을 종용받거나 납득할 만한 이유 없이 하루 아침에 정리해고를 당한다. 직장인들은 쳇바퀴 돌 듯 반복되는 과중한 업무와 수많은 야근으로 하루하루를 숨 가쁘게 살면서도 미래에 대한 불확실성으로 행복한 직장 생활과는 동떨어진 생활을 하고 있다. 이러한 시대에 직장 생활의 행복을 만들고 찾기 위해서는 자신만의 필살기를 가져야 하며 그것이 없다면 자신만의 취미라도 가져야 기나긴 직장 생활을 버티고, 나름대로의 행복한 직장 생활을 펼쳐나갈 수 있다.

이 세상 모든 살아 있는 생명체는 자신만의 필살기를 가지고 있다. 들판의 풀 한 포기부터 생태계의 맹수 호랑이까지 모두 자신만의 생존전략을 만들어낸 덕분에 지금까지 살아 있다. 직장 생활의 힘, 직장생존의 단초가 여기에 있는 것이다. 전문적인 지식을 습득하거나, 탁월한 업무능력을 갖춘다거나, 동료나 상사와의 관계 구축에 있어 타의 추종을 불허한다거나, 외국어 하나를 원어민 수준으로 구사한다거나, 톡톡 튀는 아이디어를 끊임없이 생각해 낸다거나, 어떤 상황에서도 잘 참는 인내력을 갖는다거나 그 방법이야 각자의 적성이나 삶의 가치관에 따라 다르겠지만 어쨌든 자신만의 필살기를 하나쯤은 가져야 불확실한 세상에서 그나마 당당하고 행복한 직장 생활을 누릴 수 있는 것이다. 눈을 뜨면 회사로 출근하고 저녁이면 집에 돌아와 피로에 지쳐 잠드는 대부분의 직장인은 반복되는 일상에 나날이 지쳐가고 있다. 어떤 직업도 예외는 아니다. 본업에 충실하면서도, 일상 속 사소한 행복들을 찾아나가는 방법은 자신만의 취미 활동을 즐기는 것이다. 취미 활동은 직장 생활에 활력을 불어넣어 줄 뿐만 아니라 직장 생활에서 받은 스트레스를 해소하는데 취미 활동만 한 게 없다. 더 나아가 새로운 직업으로 연결되기도 한다. 얼마나 유익한가? 당신도 평생 가져갈 수 있는 취미 하나쯤은 갖도록 하라. 취미 활동은 자존감과 일상에 대한 행복도를 높인다.

이 세상엔 어떻게든
해결되지 않는 문제는
일어나지 않는다　　　　　독일의 철혈재상 비스마르크가 젊은 시절 친구와 함께 사냥을 갔는데, 친구가 그만 깊은 수렁에 빠져서 허우적거리다 죽을 고비에 직면했다. 비스마르크가 들어가 건져낼 수도 없는 형편이었고 그 친구도 포기하려는 기미가 보였다. 이때 비스마르크가 엽총을 친구의 머리를 향해 겨누고는 말했다. "미안하네. 자네가 고생하며 죽는 모습을 친구로서 차마 볼 수가 없네. 차라리 편안하게 죽도록 도와주는 것이 친구의 도리라고 생각하네, 나를 원망하지 말고 저 세상에서 만나세"라며 총을 쏘는 척 하자 수렁에 빠진 친구가 제발 쏘지 말라고 하고는 죽을 힘을 다해 밖으로 나왔다. 초인적인 힘을 발휘했던 것이다. 친구가 나오자 비스마르크는 "내가 총을 겨눈 것은 자네의 머리가 아니라 자네의 생각이었네"라고 말했다.

비스마르크는 쉽게 포기하고 좌절한 친구의 생각을 향해 총을 겨누었다는 것이다. 우리 인간의 삶에 있어서도 우리 직장 생활에 있어서도 우리가 감당하지 못할 고난과 시련도, 해결하지 못할 문제도 주어지지 않는다. 그런데 우리가 미리 겁을 먹고 좌절해서 포기하고 마는 것이다. 즉, 해결되지 않는 문제는 존재하는 것이 아니라 불가능하다는 생각이 존재할 뿐이다. 오히려 시련과 고난은 우리가 밥과 반찬을 잘 소화시키면 힘과 에너지를 공급받게 되는 것처럼 우리를 한 층 더 성숙시켜 준다. 시련과 고통이 없는 삶은 그 어디에도 없다. 이것이 우리 삶의 본질이다. 그리고 삶에 있어서 평탄한 것은 잠시 숨을 돌릴 순간일 뿐일지도 모른다. 시련과 고통, 각종 문제들은 계획에 따라 찾아오는 것이 아니고 예고 없이 들이닥치는 것이기 때문에 피할래야 피하기 어렵다. 그래서 우리는 시련과 고통, 각종 문제들을 어떻게 모면하느냐가 매우 중요하겠지만, 어떻게 받아들이느냐도 매우 중요하다. 갑자기 닥치게 되면 그게 커 보이고 탈출구가 없어 보이고 극복한다는 것이 불가능하다고 생각되기 쉽다. 이제는 더이상 희망이 없고 인생이 끝난 것 같은 절망감에 빠져 자포자기하기도 쉽다. 하지만 절대로 포기나 절망은 해서는 안 된다. 아니 어쩌면 절망할 필요조차 없다고 해야 더 정확할지 모른다. 시련과 고통, 각종 문제들은 나만 당하는 것이 아니라 세상 모든 사람이 다 겪게 되는 것이고, 내가 당하는 시련이 가장 어려운 것이 아니라, 더 어려운 시련을 당하고도 그것을 다들 잘 극복하고 살아가고 있다. 호랑이에게 물려가도 정신만 차리면 살아난다는 말이 있듯이 시련을 당할 때 지나치게 겁먹지 말고 극복할 수 있다는 믿음을 가지고 노력하면 된다. 상상도 못한 해결책이 나타날 수 있고 기대하지 않던 좋은 일까지 덩달아 나타날 수도 있다.

한 가지 분명한 것은 모든 문제는 해결책이 있고, 모든 시련은 극복의 길이 있다는 사실이다. 그리고 생각해보라. 우리가 평탄한 길을 걸었을 때 얻는 희열보다는 장애나 위험이 깔린 길을 끝까지 헤쳐나갔을 때 얻는 희열이 더욱 크지 않던가? 신은 우리에게 시련과 고통, 해결되지 않을 것 같은 여러 가지 문제들을 끊임없이 주더라도 그것을 극복하고 벗어날 수 있는 길도 반드시 함께 준다. 어떤 시련과 고통, 문제가 닥치더라도 반드시 극복하고 해결할 수 있다는 믿음과 희망을 가지고 적극적으로 삶을 헤쳐나가야 한다.

세상은 넓고
할 일은 많다

이 넓은 세상에서 내가 할 수 있는 게 없다면 정말이지 얼마나 삭막한 세상이 되겠는가? 누구나 남보다 잘하는 것을 한 가지씩은 가지고 태어난다. 세상은 넓고 할 일은 많다. 좀 더 일찍, 이 말을 깨달았더라면 당신의 인생은 달라졌을 것이다. 물론 세상은 넓고 할 일은 많다지만 일의 질과 강도가 다 똑같은 것은 아니다. 뭐 세상에 쉬운 일이야 있겠느냐마는 그래도 조금 쉬운 일, 조금 편한 일, 조금 멋있어 보이는 일 등 일마다 다소 차이는 있다.

지금 우리가 어려움에 빠져 있는 것은 할 일은 많은데 그 일들을 힘들다고 하지 않으려는 것과 설령 힘들어도 하고자 하나 생계를 꾸려가기에 턱없이 부족한 임금수준 때문일 것이다. 어쨌든 우리는 생각을 바꿔야 한다. 태어날 때 모두 다 똑같은 얼굴, 똑같은 생각을 가지고 태어나지 않았듯이 생각하는 것도 다르고 생김새도 제각기 다르다. 많은 일자리 중에 내가 조금이나마 쉬운 일자리를 얻고 싶다면 남들과 똑같지 않은 나만의 특별한 기술이 필요하다. 남들과는 분명 다른 뭔가 비장한 무기가 필요하다. 하지만 그 비장의 무기를 만드는 데는 정말 남들이 모르는 엄청난 노력과 시간을 투자해야 할 것이다. 그리고 일에 있어서 직장 생활만이 정답은 아니라는 것을 누구나 다 알고 있을 것이다.

직장 생활을 하고 있는 대부분의 사람들의 마음속에는 언젠가는 자기 사업을 하고자 하는 마음이 있을 것이다. 그 가장 큰 이유는 바로, 얼마나 오래 지금의 직장에 몸담을 수 있을까 하는 미래에 대한 불안감이 아닐까 싶다. 잘 다니던 직장에서 하루아침에 명예퇴직해야 하는 사람들, 젊은 인재들이 치고 올라옴에 따라 점점 더 자기 설 자리를 잃어가는 사람들, 주변에서 이런 모습을 보며 내 자신도 머지않아 이렇게 되는 것은 아닐까 하는 두려움을 대부분의 사람들이 가지고 있기에, 본인의 사업에 대한 구상을 하게 되는 것이다. 또한 직장인으로서 보다 윤택한 삶을 사는 데에는 분명한 한계가 있기 때문에 대부분의 직장인이 자기 사업을 꿈꾸고 있다.

세상은 넓고 할 일은 많은 이 시대에 생각도 꿈도 크게 가져야 경쟁사회에서 살아남을 수 있다.

일과 삶과의 균형을 유지하라

일, 여유 그리고 오늘을 즐겨라. 이것이 삶의 위대한 성공의 길이다. 지름길만 좇고 있는 남들과 비교하면, 온갖 곳을 다 돌며 시간 낭비를 하는 것처럼 느껴질 때도 있다. 그래서 조바심이 나기도 하고 불안감이 들기도 하나 아등바등하지 않고 여유롭게 살아가는 길이 가장 행복하고 성공적인 직장 생활의 길이었다는 것을 언젠가는 깨닫게 된다. 대부분의 직장인이 우리 부모세대와 마찬가지로 일에 우선순위를 두고 살아가고 있는 것이 사실이다. 매사를 일에 중심에 두고 판단하고, 계획하고 행동함으로써 조금이라도 일찍 사회적 성취를 이루는 것이 곧 가정을 위한 길이라는 믿음으로 살아왔다. 하지만 '가족을 위한 희생'이라 여기며 일에 우선순위를 두면, 어느 순간 행복한 삶을 위한 수단인 일이 목적이 되어버리는 현상이 일어난다. 대부분 가정불화의 원인이 되어버리기도 한다. 우선 가족들이 '가족을 위한 희생'에 이의를 제기하기 시작한다. '배우자는 처자식을 위해 산다는 사람이 가족을 관심에도 두지 않은 채 살 수 있는가?' 하고 크고 작은 불만의 소리가 시작된다. 서서히 가족 간에 마음이 멀어지고 각자 남처럼 살게 된다. 밤늦게 귀가해 스스로 문을 따는 횟수가 늘어가고 아이들은 커가며 용돈 달라는 소리 말고는 먼저 말을 걸어오는 법이 없다. 이에 중년 남성들은 다시 일과 외부활동에서 삶의 의미를 찾으려 발버둥 친다. 이 같은 악순환의 연속이 가져다주는 최악의 상황이 가정 해체이다.

많은 사람들이 그런 일은 나와는 상관없는 이야기라고 그냥 지나쳐 버리지만 IMF를 지나면서 유일하게 정을 두고 모든 것을 다 바친 직장에서 어느 순간 매몰차게 내팽개쳐지면서 현실적으로 느끼기 시작하게 되었다. 다행스럽게도 지금은 직장인들의 가치관이 일과 삶의 균형을 이루는 삶으로 전환되어가고 있으나, 지금도 여전히 많은 직장인이 일에 우선을 두고 사는 삶에 치우쳐지고 있는 것이 사실이다. 하지만 일과 삶의 균형이 무너지면 직장 생활의 행복도 인생의 행복도 무너진다. 더 이상 늦기 전에 일과 삶에 대한 가치관을 바꿔야 한다. 일은 나와 가정의 행복을 위해 존재하는 것이다.

일과 성공에 욕심내지 말고 기대치를 낮춰라

모든 일이 기대와 같이 잘 되기를 바라고 자신의 성공을 확신하며 항상 좋은 경험과 결과를 굳게 믿으면서 열심히 일하고 운도 따라준다면, 정말로 모든 일이 현실로 이루어질 것이다. 하지만 인생에 있어 너무 많은 기대를 하거나 비현실적으로 과도한 욕심을 부리게 되면 스스로를 실망시키고 불필요한 슬픔과 고통을 받게 된다. 그리고 함께 일하는 주변의 동료 선후배들과도 관계가 멀어지게 된다.

대부분 사람들은 당신의 과도한 욕심이 말도 안 된다고 생각을 하게 될 것이다. 당신의 기대 속에서는 인생의 사건들을 모두 예측 가능한 방법으로 일어날 뿐 아니라 모든 사람들은 당신의 생각대로 움직인다. 그렇지 않을 때면 당신은 스트레스를 너무 받아 결국 힘들어지고 말 것이다. 기대치를 낮추고 욕심내지 않는 것만으로 당신의 직장 생활은 훨씬 더 수월해질 것이다. 마음을 비운 당신은 어떤 일이 잘 되어갈 때 이를 당연시하던 것과는 달리, 기쁜 마음으로 놀라고 감사하게 생각할 것이다. 계획한 일이 기대에 못 미쳐도 크게 상심하지 않게 될 것이다. 기대치를 낮추면, 갑작스럽게 골치 아픈 일들이 생겨도 놀라지 않게 된다. 부정적으로 반응하는 대신 "이 정도는 괜찮아"라고 말할 것이다. 마음의 평정을 잃지 않으면 당신을 자극하는 일들을 처리할 수도, 복잡한 문제들도 잘 풀어갈 수도, 정신을 똑바로 차리고 그 일을 끝까지 성공적으로 잘 해낼 수도 있다. 항상 근사하고 아무 문제도 없는 인생은 이 세상에 없다. 우리는 늘 실수를 저지르며, 살다 보면 어려운 때도 반드시 있게 마련이다. 얼마나 열심히 애쓰든 상관없이, 삶이라는 것이 항상 계획대로만 되지 않는다. 어찌할 수 없는 이 험한 세상을 헤쳐나가는 가장 좋은 방법은 욕심내지 말고 기대치를 낮추는 것이다. 그리하면 당신의 인생이 얼마나 편안해지는지 경험하게 될 것이다.

PART 3

素(Component)
- 행복한 일터를 만드는 여섯 가지 조건

❶ 건강

건강을 잃으면
세상 모든 것을 잃는다

누구라도 살면서 한 번쯤은 아니 수없이 들은 얘기라 생각이 되지만 "재산을 잃으면 조금 잃는 것이요. 명예를 잃으면 더 많이 잃는 것이요. 건강을 잃으면 모든 것을 잃는 것이다"라는 말이 있다.

사실 그러하다. 요즘도 직장에서의 성공을 위하여 자신의 건강을 돌볼 틈이 없이 일로 매진한 많은 이들이 있다.

종신직업, 평생직장이 사라진 아직까지도 직장인 중에는 일과 삶의 심각한 불균형에 빠져 건강에 소홀한 이들이 많다는 것은 직장인 개인이나 회사 입장에서 보나 결코 바람직하지 못한 것이다.

회사에 기여하고 승진도 하고 월급도 많이 받는 것도 중요하지만 자신의 건강까지 망쳐가면서 일을 한다면 도대체 무엇을 얻을 수 있는 걸까?

주변을 돌아보면 어느 정도 직장에서 성공을 이루었다고 하는 사람이 졸지에 사망하거나 불치의 병에 걸려 치유할 수 없는 신세로 병원 신세를 지고 그동안의 축적한 재산을 야금야금 축을 내는 그런 신세로 전락한 얘기들도 수없이 들어왔다.

자, 이제부터 직장에서의 성공도 좋지만 자신의 건강은 가족의 건강이라는 생각을 하고 평소에 자기관리, 식생활 개선, 적당한 운동 등에도 좀 투자를 해야 한다.

건강은 어떤 어려운 상황에서도 그 난관을 뚫고 새롭게 일어설 수 있게 해주는 소중한 인생의 자산이다.

우리 인생에서 가장 소중하고 미래에 큰 영향을 주며 하지 않았을 때 엄청난 어려움을 주는 세 가지가 '건강' '가족' '전문성'이다. 이 세 가지는 하루아침에 이루어지지 않으나 막상 준비되지 않았을 때는 인생의 막판에 많은 어려움을 주게 될 가능성이 매우 크다. 특히 이 세 가지 요소 중에서도 건강은 아무리 강조해도 지나치지 않을 만큼 중요하다.

건강은 건강할 때 지켜야 효과가 있다. 병을 얻는 순간 인생의 모든 것은 다 정지되고 만다. 지금 하는 일이 아무리 급하고 중요하다고 해도 건강만큼 중요한 것이 없다는 것을 다시 한 번 가슴속에 되새기기 바란다.

건강을 위협하고 의욕을
저하시키는 스트레스

우리가 흔히 말하는 스트레스는 외적인 것보다 내적인 정신에서 기인하고 이로 인한 가장 큰 폐해는 우리의 정신을 황폐화시키는 것이다. 정신의 병, 마음의 병을 만들어내는 무서운 스트레스는 요즘처럼 종신 고용이 보장되지 않는 고용불안의 시대가 되고 성과주의 조직문화가 확산되면서 가히 위험 수준을 넘어서고 있다.

직장인의 경우 스트레스는 주로 직장 생활 속에서 생긴다. 상하관계에서 나타나는 인간관계 갈등, 극심한 경쟁과 성과에 대한 부담, 자기계발에 대한 강박증, 자율성이 결여된 경직된 조직문화, 미래에 대한 불안감 등을 일상적으로 겪고 있다. 여기에 가정생활에서 발생하는 문제로 인한 스트레스까지 가중된다면 매우 위험한 극단의 상황에까지 도달하게 된다. 스트레스는 뇌·심혈관 질환 발생률을 높이고, 위장질환, 당뇨병, 만성피로, 소화불량, 불면증 같은 여러 증상으로 나타난다. 스트레스가 더 크게 문제시되는 이유는 잘 풀지 못한다는 이유 때문이다. 일반적으로 직장 내에서는 자기감성을 있는 그대로 드러내기가 쉽지 않기도 하고 개인적으로 스트레스를 풀 방법도 마땅치 않다. 가장 큰 문제는 일반인들이 스트레스를 병으로 인식하지 않는다는 사실이다. 스트레스가 돌연사는 물론 심한 경우 자살의 원인이 되고 있지만 스트레스 때문에 전문가와의 상담과 치료를 조기에 시도하는 사람은 거의 드물고 큰 문제가 되어서야 병원을 찾는다. 하지만 선진국의 경우 정신과는 우리가 감기 걸리면 병원을 찾듯 자연스럽게 찾아가는 곳이다.

스트레스 해소방법을 살펴보면 보통 술이나, 운동, 수다를 떨면서 해소한다. 하지만 이러한 것들은 스트레스가 해소되는 것이 아니라 잠시 스트레스를 잊는 것일뿐, 그 자리를 벗어나면 또다시 생겨나며 오히려 또 다른 스트레스까지도 야기할 수도 있다.

음악감상, 스트레칭, 산책, 반신욕, 명상처럼 가볍게 할 수 있는 것이든, 요가나 독서 등과 같이 약간의 비용과 노력이 필요한 것이든, 자신이 할 수 있는 것부터 시작하라. 하지만 무엇보다도 스트레스는 사전에 관리하여 예방하는 것이 가장 좋은 방법으로 '일상의 마음가짐'이 중요하다. 왜냐하면 모든 것은 자기 마음에서 비롯되어지는 것이기 때문이다. 일상에 대한 마음을 비우고, 삶의 중심이 일에 과도하게 편중된 구조를 탈피해, 나의 관심과 에너지를 적절하게 분산시키는 노력을 기울인다면 스트레스는 충분히 관리할 수 있게 된다. 회사 차원에서도 심리상담실 등의 운영을 통해 직원의 건강을 보호하는 데 심혈을 기울여야 할 것이다.

화를 다스리면
직장 생활이 달라진다

그 어느 때보다 복잡하고 스트레스가 많은 요즘 세상에서는 화를 관리하는 것이 매우 중요하다. 화를 다스리면 직장 생활이 달라진다. 마음을 항상 즐겁고 풍요롭게 채우지는 못하더라도 평정심을 유지하는 것이 무엇보다도 중요하다. 화날 때 평정심을 유지 할 수 있는 몇 가지 방법이 있다.

첫째, '해야만 한다'는 생각을 버린다. '이건 있을 수 없는 일이야' '그 사람이 나에게 최소한 이렇게 했어야만 했어' 같은 생각을 하지 말아야 한다. 세상에 '있을 수 없는 일'이란 없고 '해야만 하는 사람'도 없다. '내가 형님뻘인데' '내가 그동안 어떻게 해드렸는데' 같은 생각도 자신의 기준일 뿐이다.

둘째, 어떤 상황에서도 극단적인 표현을 삼간다. '저 사람과는 이것으로 끝이야!' '열 받아 미치겠어' 대신 '기분이 별로 좋지 않다'고 말하자. 표현에 따라 기분도 바뀐다.

셋째, '나 같으면 절대'라는 가정은 하지 않는다. 엄밀히 말해 그 사람이 '나 같이' 행동해야 한다는 근거는 이 세상 어디에도 없다. 그 사람 입장에선 또 다른 사정이 있을 수 있다.

넷째, 가끔은 성악설을 믿는 것이 도움이 된다. 인간은 죄인일 뿐 아니라 누구나 불완전하다. 사람들이 가끔 부당해 보이는 것이 당연하다고 받아들이자. '난 이런 거 못 참아'라고 생각해 봤자 본인 스트레스만 커진다.

다섯째, 사람과 행동을 구별한다. 특정 행동에 대한 비판이 아니라 행위자 자체를 '용서할 수 없는 나쁜 사람'으로 규정함으로써 자신의 분노 또는 욕설을 정당화하려는 경향을 주의한다.

여섯째, 오늘 낼 화를 내일로 미룬다. 흥분상태에선 누구나 실수를 하기 쉽다. 당장 화내고 싶어도 일단 미루도록 하라 차분한 상태로 대응하는 게 언제나 더 이롭다.

일곱째, 화를 내는 게 나에게 어떤 이익이 있는지 생각한다. 대부분의 경우 분노의 표출은 인간관계와 상황을 악화시킬 뿐이다. 화내봤자 얻는 게 없다고 생각되면 즉각 단념한다.

여덟째, 절대로 제3자에게 화풀이하지 않는다. 화가 났을 때는 괜히 타인에게 화풀이함으로써 갈등을 몇 배로 키우기 쉽다. '난 화가 났으니까 이래도 된다'고 생각하는 순간 외톨이가 된다.

아홉째, 좋았던 기억을 떠올린다. 어떤 사람에게 화가 났을 때 그 사람과의 즐거웠던 추억을 떠올리고 그 기억에 몰두함으로써 나쁜 기억을 몰아내려고 노력한다.

마지막으로 남의 일처럼 생각한다. 내가 주인공인 드라마를 보는 기분으로 한 발 떨어져 생각하면 비극적인 상황도 낭만적이거나 코믹하게 느껴질 것이다.

걱정해봐야 소용없다

심리학자 어니 젤린스키는 걱정에 대해 다음과 같은 연구 결과를 발표했다. 걱정의 40%는 절대 현실로 일어나지 않고, 30%는 이미 일어난 일에 대한 것이고, 22%는 안 해도 될 사소한 것이고, 4%는 우리 힘으로는 어쩔 도리가 없는 것이라는 것이다.

결국 걱정해서 우리가 할 수 있는 일은 없고 100% 걱정 중에 고작 4%만이 우리가 노력해서 바꿀 수 있다는 것이다. 쓸데없는 걱정 하느라 시간 보내지 말고 그 시간에 더 나은 미래를 위해서 준비하는 시간으로 사용한다면 앞날은 더욱 밝을 것이다. 내일은 내일의 태양이 뜬다. 걱정하지 말고 긍정적이고 밝게 살자. 세상이 참 복잡하고 힘들어 보여도 우리가 생각을 어떻게 하느냐에 따라 쉽게 쉽게 즐겁고 행복하게 살아갈 수 있다.

걱정을 붙들어 매고 인생의 긍정적인 측면에 시선을 고정하자. 심리학에 의하면 우리 인생은 우리를 지배하고 있는 생각을 따라간다고 한다. '보는 시각을 바꾸면 생각이 달라지고 생각이 바뀌면 행동이 달라진다. 행동이 바뀌면 습관이 바뀌고 습관이 바뀌면 성품이 바뀌고 성품이 바뀌면 운명이 바뀐다'는 말도 있듯이 기쁨과 평안, 승리, 풍요로움, 복이 우리의 생각을 지배하고 있으면 그런 긍정적인 요소들과 우리 삶은 자석처럼 서로를 끌어당긴다. 즉 우리 삶은 우리 생각을 따라간다.

마음의 상처를 치료하자

우리들은 몸이 아프거나 상처가 나면, 약을 먹거나 병원에 가서 치료를 받지만 내면의 상처나 아픔에 대해서는 간과하는 경우가 많다.

몸에 좋은 영양소를 섭취하기 위해 우유를 배달시키고 비타민을 복용한다. 심지어 몸에 좋다면 뱀이며 굼벵이까지 그야말로 몸에 들이는 공은 이루 다 말할 수가 없을 정도로 신경을 쓰면서 조금만 주의를 기울이면 훨씬 섬세하게 기능을 발휘할 수 있는 정신에 대해서 소홀해서야 되겠는가? 더구나 돈이 들거나 물리적인 수단이 필요하지도 아니한데 말이다.

마음의 상처가 깊을수록 우리의 삶도 참으로 힘들어진다. 몸이 아프면 치료할 수 있는 방법이 많지만 마음이 아프고 힘들 때 치유해 줄 수 있는 방안은 쉽게 찾아보기 힘들다. 대부분이 마음의 상처는 시간이 지나면 자연히 치유된다고 믿으면서 그냥 살아가고 있다. 마음의 상처를 치유하기 위해서 우리는 어떤 노력들을 해야 할까? 다른 일에 관심을 가져본다? 미친듯이 다른 일에 몰두한다? 죽으라 술을 마신다? 여기저기 여행을 떠난다? 친구들과 수다를 떤다 등등 하지만 잠시 상처를 잊는 것은 그때 뿐이라는 것을 경험을 통해서 너무나 잘 알고 있을 것이다. 우리는 몸에 상처를 입으면 종합병원에 가서 내과, 외과, 치과, 물리치료 등 너무나 다양한 방법으로 치료할 수 있다는 것을 잘 알고 있지만 마음의 상처는 그냥 시간이 지나면 해결된다는 것 외에는 방법을 잘 알고 있지 못하다. 그렇다고 시간이 지나면 모든 게 치료되는 것이 아니다. 단지 그 마음의 상처가 내가 버틸 수 있는 만큼만 아문 것에 불과하다. 우리는 무수히 많은 인간관계 속에서 스트레스를 받으면서 마음의 상처를 받은 경우도 있고, 내 삶인데 내 뜻대로, 내 의지대로 되지 않아 삶이 허탈하고 공허하다는 생각으로 마음의 상처를 입는 경우도 있고, 직장에서의 스트레스로 상처를 받는 경우도 많다. 이것들 외에도 너무나 다양한 원인으로 마음의 상처를 받으면서 살아가고 있다. 그렇다고 우리가 인간관계를 안 할 수도 없고 직장 생활을 안 할 수도 없고 내 삶을 무책임하게 그냥 보낼 수도 없으니 답답하게 하루하루를 보내고 있지는 않은가? 그렇다고 마음의 상처를 치유할 수 있는 방법이 없는 것이 아니다. 그냥 내가 마음의 상처를 입었던 근본 뿌리를 내 마음에서 비워내고 버리면 된다.

그 어느 때보다 복잡하고 스트레스가 많은 요즘 세상에서는 정신적 수양이 필요하다. 음악감상, 스트레칭, 산책, 반신욕, 명상처럼 가볍게 할 수 있는 것이든 요가, 독서 등과 같이 약간의 비용과 노력이 필요한 것이든 자신이 할 수 있는 것부터 시작하라. 거기에서 내가 살아왔던 삶을 돌아보면 내가 왜 지금 마음의 상처를 입었는지, 내가 왜 그렇게 생각을 하고 행동을 했는지에 대한 근본 원인을 찾을 수가 있고 힘들게 가지고 있었던 마음의 상처를 치유할 수 있을 것이다.

마음을 항상 즐겁고 풍요롭게 채워, 육체의 활력을 유지해 조화로운 정신과 육체를 만들어라.

건강을 지켜주는 식생활 습관

세 끼 식사를 규칙적으로 즐겁게 하도록 하자. '세 끼 밥이 보약' '아침 식사는 왕처럼, 점심 식사는 왕자처럼, 그리고 저녁 식사는 거지처럼' 먹으라는 말에서도 보여 주듯이 인간의 건강 및 수명과 삶의 질에 식생활이 많은 영향을 주는 것을 알 수 있다. 우리들은 입과 코를 통한 음식섭취와 호흡을 통하여 육체의 생명활동을 영위하고 눈과 귀를 통한 영혼의 의식활동을 한다.

건강健康의 정의를 글자대로 풀이하면 건健은 쉼이 없이 항상 움직인다는 뜻이고 강康은 편안하고 불편하지 않다는 뜻이다. 건健은 육체를, 강康은 정신을 대변하는 말이다. 즉, 육체는 부지런히 움직이고 마음은 편안한 상태를 건강하다고 말한다. 건과 강은 서로 떨어져 있는 듯 보이지만 사실은 육체 내에서 상호 조화를 이루고 있다. 정신과 육체는 상호 의존관계로 육체가 튼튼해야만 정신도 안정될 수 있고, 정신이 맑게 유지되어야만 육체도 튼튼해진다는 것이다. 한의학에서는 육체의 생명활동은 전적으로 기氣와 혈穴에 의해서 이루어진다고 한다. 기와 혈은 음식을 통해서 만들어진다. 건강을 위해서는 음식을 골고루 적당히 먹어야 하지만 아무거나 골고루 먹는다고 건강해지는 것은 아니다. 사람마다 각자 체질이 다르기 때문에 각자의 체질에 맞는 음식을 먹어야 한다. 이는 마치 동물들의 경우 먹어야 할 풀이나 고기가 정해져 있는 것과도 같다. 이것은 바로 이제마 선생님의 사상의학이다. 사상의학은 태양인太陽人, 태음인太陰人, 소양인少陽人, 소음인少陰人으로 나눈 것인데 우리 몸의 장부인 폐비간신肺脾肝腎과 깊은 연관을 가지고 있다. 자신의 체질을 알고 먹어야 할 음식을 먹는다면 건강해진다는 것은 당연한 일이다.

체질별 식이요법을 한다면 피부가 깨끗해지는 것은 물론 몸이 가벼워지고 피로가 풀리면서 체내의 탁한 기운이 배설된다. 하지만 먹는 음식이 내 몸에 맞는다는 것은 어떻게 알 수 있을까? 대변을 관찰하면 알 수 있다. 대변이란 우리가 먹은 음식물이 소화되고 남은 최종 찌꺼기이다. 소화가 잘 되었는지, 흡수가 잘 되었는지는 최종 결과물을 관찰하면 알 수 있는 것이다. 대변의 상태가 노란색을 띠면서 굵게 시원하게 나오고 물에 뜨면 몸에 맞는 음식이고 물에 가라앉는다면 그것은 아직 소화되지 못한 음식물의 영양분이 대변 속에 남아 있다는 뜻이다. 즉, 무엇인가 소화시키지 못하는 음식을 먹은 결과이다. 또한 평소에 몸이 원하고 먹고 싶은 것, 먹었을 때 왠지 편안하게 느껴지는 음식이 바로 본인의 몸에 맞는 음식이라 생각하면 틀림이 없을 것이다. 모든 사람들이 자기 체질에 맞게 음식을 골고루, 적당히 먹는다면 건강을 지킬 수 있을뿐더러 쾌변의 행복도 함께 얻을 것이다.

웃으면
복이 온다

　　　　　　　　'웃으면 복이 와요笑門萬福來' '한번 웃으면 한번 젊어지고 한번 화내면 한번 늙어진다—笑—少—怒—老'라는 말이 있듯이 웃으면 건강에 매우 좋다.

　우리가 웃으면 모든 감정들이 정화가 되어 보다 활기차게 생활을 할 수 있다. 많이 웃을수록 사람의 얼굴은 아름답게 보인다. 그 사람의 마음 또한 밝아져 모든 일을 하는 데 있어 자신감이 생겨난다. 운동을 하는 것도 중요하지만 그 사람의 얼굴의 미소가 더 아름답다.

　많이 웃으면 우리의 뇌도 보다 유연해져서 우리가 어떤 일을 하는 데 있어 보다 정확하게 일을 할 수가 있다. 많이 웃는 사람들 옆에만 있어도 기분이 좋아지는 데 그것은 우리의 뇌도 웃는 것이 좋다는 것을 알기 때문이다.

　'행복해서 웃는 것이 아니라 웃어서 행복하다'라는 말처럼 웃으면 행복해진다. 고민이 있으면 잠시 생각을 놓고 웃다 보면 좋은 방법이 생긴다. 그러니 한번 소리 높여 큰 소리로 웃어보라. 이렇게 크게 웃는 것을 최고의 웃음이라고 한다. 온몸을 뒹굴면서 웃으면 우리 몸 안에 있는 세포가 다 깨어난다고 한다. 하지만 이렇게 아무데서나 웃을 수 없으니 그냥 소리 높여 웃어 보자.

　'아하하하, 우허허허, 이히히히, 크크크크!'

　이렇게 웃기만 해도 우리 몸에 있는 장기가 강해진다고 한다. 웃음은 신이 인간에게만 내린 축복이라고 말해진다. 동물들은 인간에 비해 스트레스가 적기 때문에 이런 능력이 없다고 한다.

스웨덴의 노먼 커즌즈 박사는 사람이 10분간 통쾌하게 웃으면 두 시간 동안 고통 없이 편안한 잠을 잘 수 있다고 연구 결과를 통해 밝혔다. 또 미국의 존스홉킨스 병원에서 나눠주는 「정신건강」이라는 책자에서는 '웃음은 내적 조깅'이라는 속담을 인용해 '웃음은 순환기를 깨끗하게 하고 소화기관을 자극하며 혈압을 내려 준다'고 말한다. 또 미국 스탠포드대 윌리엄 프라이 박사는 '사람이 한바탕 크게 웃을 때 우리 몸속의 650개 근육 중 231개 근육이 움직여 많은 에너지를 소모한다'고 설명한 만큼 크게 웃으면 웃을수록 상체는 물론 위장 가슴 근육 심장까지 움직이게 만들어 상당한 운동 효과가 있다는 분석에 따라 웃을 때는 배꼽을 잡고 크게 웃는 게 좋다.

소리 내어 힘차게 웃어보라! 행복해서 웃는 게 아니라 웃어서 행복해진다고 하지 않았던가?

잘 자는 것이 건강의 기본이다

숙면을 잘 취하는 것도 인생에 있어서 매우 큰 행복이다.

밤 12시 이전에 자고 최소한 6시간 이상은 자라. 잠자리는 시간을 정해 놓는 것이 숙면을 위해 좋다. 일반적으로 8시간을 자야 건강에 이롭다고 말하지만 하루하루 전쟁을 치르듯 살아야 하는 현대인들에게 8시간을 잔다는 것은 호사다. 하지만 아무리 바쁜 일상이라 하더라도 최소한 6시간 이상은 자야 건강에 좋다.

짧고 깊게 자라. 운동하고 햇빛을 많이 쬐라. 아침에 일어나서 찌뿌듯한 것은 아직 뇌가 부교감 신경에서 교감신경으로 교체되지 않았다는 말이다. 각성과 집중력, 기분을 상승시켜 신체의 변화를 바꿔주는 것이 세로토닌이라고 하는 뇌 신경 전달 물질이다. 이는 아침에 활동 모드로 전환시켜주는 역할을 한다. 세로토닌 분비를 활발하게 도와주는 방법은 조깅과 같은 가벼운 운동, 5~10분 정도의 햇빛 샤워, 아침 공기를 5분 이상 심호흡하는 것 등이다.

❷
비전

비전이란
무엇인가?

　　　　　　누구나 그런 말을 한다. "그 회사 비전
있어?" 또는 "그 사람 비전 있는 사람이야?" 우리말 사전에 비전이
란 단어를 찾아보면 "내다보이는 미래의 상황, 혹은 이상"으로 풀이
되어 있고 영어 사전의 Vision은 "미래에 대한 전망"으로 해석되어
있다.

　비전이란 무엇일까? 비전이란 조직의 바람직한 미래상을 표현한
것으로서 미래에 어떠한 기업이 되고 싶은가를 나타낸 조직구성원
의 소망이다. 즉, 비전은 '기업이 미래에 달성하고자 하는 기업상'이
며, 사회 속의 기업위상과 미래를 향한 기업의 꿈을 실현시키기 위
해 기업이 갖추어야 할 자기 역할과 기본방향을 구체화시킨 것을
말한다. 이러한 기업 비전은 기업에게 목표를 제시하고 기업을 중
장기적으로 운영하는 데 있어 방향타 역할을 한다. 비전은 현실성
있고 믿을만하며 매력적인 조직의 미래상으로서 조직이 도달해야

하는 종착지이며, 현재보다 더욱 발전된 성공적이고 바람직한 미래를 자세하게 기술해 놓은 것이다. 또한 비전은 새로운 기업이념을 기초로 '마땅히 있어야 할 모습과 거기에 도달하는 시나리오'를 그린 것이다.

비전은 장기적 관점에서 직원들에게 미래의 이상향, 꿈을 제시해야 한다. 이때 비전은 기업이 아무리 노력을 해도 영원히 도달할 수 없는 환상도 아닐뿐더러 미래에 대한 완벽한 예언도 아니다. 비전에 담긴 미래는 현재 존재하지 않고, 불확실하지만 믿음을 가지고 추구하면 언젠가는 도달할 수 있는 실현 가능한 세계이다. 비전은 사물이나 현상의 본질을 꿰뚫어 볼 수 있는 통찰력을 필요로 한다. 비전은 당장 눈에 보이는 것에 급급해서는 안 된다. 나무보다는 숲, 부분보다는 전체, 눈에 보이는 것보다는 눈에 보이지 않는 근본적이고 본질적인 것이어야 한다.

비전은 꿈이 아닌 미래의 실제 모습으로 장기적인 목표와 의미를 부여한다. 비전에 반드시 포함되어야 할 요소로는 핵심 이념과 미래상이 제시되어 있어야 한다. 핵심 이념은 조직의 핵심가치와 핵심 목적으로 구성되며, 미래상은 원대하고 대담한 목표가 제시되어 있어야 하고 생생하고 감동적인 표현으로 묘사되어야 한다. 비전은 듣는 순간 가슴이 두근거릴 정도의 감동을 줘야 한다. 개인의 비전은 누가 묻더라도 금세 말할 수 있는 내용이어야 하며, 회사의 비전은 구성원 누구나가 똑같은 목소리로 명쾌하게 설명할 수 있는 내용이어야 한다.

왜 비전이
중요한가?

비전이 있는 기업과 없는 기업의 차이는 원대한 이상을 품고 삶에서 이를 추구하는 사람과 아무 생각 없이 살아가는 사람의 차이와 같다. 실제로 기업 비전을 뚜렷이 갖고 이를 장기간에 걸쳐 지속적으로 추구하는 기업만이 뚜렷한 성과를 거둘 수 있다. 물론 이윤 추구에 반드시 비전이 필요한 것은 아니다. 비전이 없어도 수익성 좋은 사업을 벌일 수 있으며, 많은 수익을 올리면서도 비전은 없는 사람들도 많다. 하지만 지속 성장하는 장수기업, 수익 실현 이상의 위대한 기업을 원한다면 반드시 비전이 필요하다.

비전은 미래에 이정표와 기업이 거기에 도달하기 위한 최선의 방법을 결정하는데 핵심적인 역할을 한다.

비전이란 등대처럼 길잡이 역할을 하며 조직의 추진력의 원천으로 모든 구성원의 생각과 일의 방향을 하나의 목표로 향하도록 해준다. 기업의 비전이 명확하면 임직원 누구나 스스로 전략적, 전술적 의사 결정을 할 수 있다. 모든 사람이 공유하고 있는 비전은 나침반과 같아서 목적지만 정확히 정해주면 그 누구라도 정확하게 목적지를 찾아간다. 물론 예기치 않은 장애물을 만나 돌아갈 때도 있지만 결국에는 목적지에 도달할 수 있다.

비전은 기업의 현재와 미래를 연결시켜주는 고리로서 기업이 추구해야 할 가치가 무엇인지를 제시해 줄 뿐만 아니라 이를 통해 직원들에게 에너지와 활력을 불어넣고 담당 업무에 의미와 가치를 부여한다.

비전은 엄청난 동기부여를 이끌어 좀처럼 볼 수 없는 노력을 기울이게 한다. 사람들은 대부분 월급을 받는 것 이상의 의미 있는 일을 하고자 하며, 의미 있는 일이라고 믿을 경우 스스로 동기부여를 하게 된다. 창조적 혁신과 지속적 성장을 위해서 조직 구성원이 한 마음 한 뜻으로 똘똘 뭉쳐 따라올 수 있도록 간결하면서도 명료한 개념을 사용해야 하는데, 비전은 이러한 창조적 혁신을 구체적으로 표현해 주며, 지속적 성장을 가능하게 해준다.

비전은 팀워크를 강화시켜주고 직원이 한 마음 한 뜻으로 단결할 수 있도록 해준다. 비전을 통해 제시되는 명확한 공통된 목표, 팀을 하나로 묶는 원칙과 가치를 강조함으로써 조직원들을 하나로 결집시키도록 만든다.

비전은 일부 핵심 직원에만 의존했던 기업활동을 많은 직원이 참여할 수 있는 기업으로 성장, 발전시킨다. 이처럼 비전은 기업의 지속적인 성장과 발전, 직원들의 일의 가치와 의미부여를 통한 행복을 증진시키기 위해서 절대적으로 필요하다. 비전의 중요함에 대하여 나폴레옹 장군은 "인류의 장래는 인간의 상상력과 비전에 달여 있다"는 말을 하였다. 한 나라, 한 기업이 지지부진한 역사를 되풀이 하고 있을 때에 비전 있는 한 지도자가 등장하여, 분산된 힘을 하나로 모아 직면한 어려움을 거뜬히 극복하여 나가게 되는 것이다.

어떻게 비전을
만드는가

비전은 그림만 그린다고 이뤄지는 것이 아니다. 기업이 생각하는 그림이 머지않은 미래에 반드시 이루어지려면 체계적인 노력과 효과적인 방식으로 비전을 만드는 과정이 필요하다.

비전은 수립 과정에서 누가 주도적인 역할을 하는가에 따라 두 가지 형태로 나뉜다. 최고경영층의 경영철학과 의지가 반영되는 '위에서 아래로(Top-down)방식과 조직 구성원들의 꿈과 열정, 요구의 목소리를 담는 '아래에서 위로(Bottom-up)방식이 있다. 예전에는 Top-down 방식이 주류를 이루었지만 지금은 '참여형 비전'이 강조되면서 Bottom-up 방식을 병행하고 있다.

이렇게 변한 이유는 첫째, 비전 자체보다는 비전이 만들어진 과정이 중요하다. 비전 수립에 동참하여 공유할 때 올바른 방향을 결정할 수 있다. 둘째, 비전은 없는 것을 만들어내는 것이 아니라 이미 조직원들 사이에 존재했던 내용 안에서 찾는 것이다. 셋째, 비전이 단지 구호에 그치지 않고 실현으로 이어가려면 수립단계에서 구성원들의 광범위한 공감대를 형성해야 한다. 즉, 헌신하려면 마음이 들 때 몸도 따라 움직이므로 실행을 염두에 둔 비전이 중요하다.

바로 단계마다 내부 구성원들의 의견을 수렴하는 다양한 채널을 마련하여 설문과 인터뷰를 통해 기업의 현황, 미래상에 대한 내부 목소리를 듣고 워크샵이나 비전 경영 대회, 투표 등을 통해 전 직원을 비전수립에 동참시키고 관심을 이끌어내야 한다.

모든 구성원의 공감을 이끄는 비전을 수립하기 위해서는 다음의 3단계로 진행하는 것이 효과적이다.

1단계, 현황을 제대로 파악한다. 비전을 성공적으로 수립하려면 철저한 사전준비가 필요하다. 이를 위해서는 현재 기업현황과 미래가치를 가늠할 수 있는 다양한 정보와 조사가 바탕이 되어야 한다. 비전 수립에 필요한 자료는, 기업현황 자료, 내부인식 자료, 외부관점 자료 3가지로 정리할 수 있다.

2단계, 비전을 세운다. 달성하고자 하는 목표, 주력 서비스, 목표 시장이나 고객, 개발해야 할 핵심기술, 구축해야 할 핵심역량 등을 담은 비전 스테이트먼트를 작성하라. 물론 비전 스테이트먼트 작성이 곧 비전수립은 아니다. 비전을 수립한다는 의미는 핵심가치, 핵심역량, 핵심 전략 등의 요소들을 포괄하여 요약된 문장으로 만드는 것 이상의 의미를 지닌다. 즉, 비전을 구성하고 있는 요소들 간의 유기적 연결 체계를 수립하는 것이 관건이다. 이 연결체계가 논리적이어야만 조직 전체에 비전을 전파할 때 설득력을 지닐 수 있다.

작성된 비전 선언문이 얼마나 전 직원의 공감을 불러일으키는지를 확인하기 위해서는 다음의 체크리스트를 활용할 수 있다. 첫째, 비전이 직원들에게 활기를 불어넣게 만드는가? 둘째, 비전이 직원을 스스로 움직이도록 자극하는가? 셋째, 미래의 바람직한 회사 모습이 담겨 있는가? 넷째, 이해관계자(고객, 주주, 직원) 모두가 원하는 것인가? 다섯째, 5분 이내 알아들을 수 있도록 명료하고 구체적인가?

마지막으로 3단계는 비전실행을 위한 계획을 세운다. 비전실행을 위한 전략과제와 실행계획(Action plan)은 3P관점에서 도출할 수 있다. 즉 제품(Product 또는 Service), 과정(Process), 사람(People)관점에서 취해야 할 구체적인 전략과제를 발견하는 것이다. '제품이나 서비스' 관점에서는 비전실행을 위해 무엇을 해야 할지(What to do), '과정'의 관점에서는 어떻게 해야 할지(How to do), '사람' 관점에서는 누가 해야 할지(Who to do)를 살펴볼 수 있다. 이 툴(Tool)은 실제 비전을 수립할 때 매우 유용하게 사용된다.

회사의 비전이
곧 직원의 비전이다

회사를 경영하는 경영자나 관리하는 관리자들에게 있어서 한 번쯤은 겪게 되는 고민들을 보면 직원들의 주인의식이 부족하다, 이직률이 높다, 변화에 잘 따르지 않는다, 부서 간 상호 협조가 이루어지지 않는다, 업무 요구를 쉽게 파악하지 못한다, 의사결정에 소모적 논쟁이 자주 발생한다 등이 있다.

반면에 직장인들이 자주 하는 불만 중 하나는 비전이 없다는 것이다. 회사는 비전이 있는데 정작 나와 무슨 상관인가 하고 말한다. 또는 회사도 비전이 없고 나도 비전이 없어서 도대체 직장 다니는 재미가 없다고 말한다.

이러한 현상은 회사의 비전이 곧 직원의 비전이 되지 않는 기업에서는 필연적으로 나타날 수밖에 없다. 직원 개인의 꿈에 목표를 설정하여 비전을 세우고, 회사는 전 직원이 함께 참여하여 비전을 수립하고 개인과 회사의 비전을 일치시켜 서로가 윈윈(Win-Win)하는 기업, 즉 회사의 비전이 곧 직원의 비전이 되는 회사는 반드시 성공하게 되어있다. 만약 어떤 직장인이 자신이 가야 할 길이 있는데 회사가 가고자 하는 길과 전혀 다르게 될 때는 그 직원은 회사를 그만두게 된다.

따라서 직원의 비전, 팀의 비전 그리고 회사의 비전을 한 방향으로 정립하고 일치화 시킬 필요가 있다. 거꾸로 회사의 비전과 팀의 비전이 무엇인지 알고 그에 맞추어서 직원의 비전 수립방향을 일치시키도록 도와주는 것도 좋은 방법이다. 회사의 비전이 곧 직원이 비전이 되어야 열정을 가지고 일에 매진할 것이고 스스로 성장하고 자기실현을 함으로써 행복해할 것이고 이로 인해 회사도 비전을 달성할 수 있게 될 것이다.

비전은 진화하고 발전해나가야 한다

변화가 일상화되고 날로 격심해지고 있다. 세상의 변화와 트렌드를 제대로 이해하고 그 흐름에 주체적으로 동참할 수 있어야 미래를 선도해 나갈 수 있다. 지속적 성장과 발전을 위해서는 기업의 비전도 세상의 변화와 트렌드에 맞춰 지속적으로 진화하고 발전해나가야 한다. 물론 하루가 멀다 하고 바뀐다면 비전이라고 할 수 없기에 주기적으로 비전을 재검토해 볼 필요가 있다. 그리고 언제나 사회적 이슈와 산업계의 트렌드에 촉각을 곤두세우고 변화를 감지하고 통찰할 수 있어야 한다. 비전에 유연함과 융통성을 갖고 있어야 변화를 수용하고 선도해 나갈 수 있을 것이다. 비전에 대한 오해 중 하나가 비전이 너무나 고귀하고 중요한 나머지 영원불변의 가치나 의미로 받아들인다는 점이다. 하지만 원칙과 신념을 지키는 것도 중요하지만 시간의 흐름에 따라 비전도 변화와 혁신을 지속하여야 한다. 빌게이츠 마이크로소프트 회장은 사업 초기에 '개인용 컴퓨터를 전 세계 가정에(A personal computer on every desk in every home)'라는 비전을 세웠다. 그 당시에는 과연 실현 가능할 것인가?라는 의문이 들 정도로 높은 수준의 비전이었지만 지금 현실에서 본다면 이미 한물 간 비전일 것이다. 처음 휴대폰이 보급될 때도 역시나 각 통신사들의 슬로건도 '걸면 걸리는 걸리버'와 같은 것이었지만 지금 현실에서 보면 웃음거리 밖에는 안 될 것이다. 이렇듯 비전도 변화하는 세상에 맞춰 진화하고 발전해나가야 한다. 앞으로 가깝게는 몇 년 후, 길게는 몇 십 년 후까지 시장은 경제, 경영, 사회, 환경 등 여러 분야의 변화와 맞물려 많은 변화를 겪게 될 것이다.

③

보상

직장인에게는 보상과
급여가 가장 민감하다

　　　　　　직장인의 직장 내 사기진작과 업무 동기
부여에 대한 각종 조사결과를 살펴보면 직장인에게 있어 무엇보다
도 보상체계와 급여가 일에 대한 동기 부여에 있어서 가장 큰 비중
을 차지하는 것으로 나타난다.

　직장 생활 만족도에 영향을 미치는 요인들로 복리후생 및 근무
환경, 업무량, 일의 범위 및 역할, 권한위임, 상사의 리더십, 명확한
회사 비전, 회사 분위기, 인사체계 등이 있으나, 금전적 보상이 따
르지 않은 직접적, 간접적 보상에서 느끼는 시기 진작 효과 보다
는 일한 만큼의 충분한 금전적 보상이 뒷받침될 때 충분한 동기부
여가 된다는 것이다. 물론 여기에는 직급이 높을수록 퇴출위기로
내몰리는 상황에서 진급에 대한 바람보다는 오히려 능력에 따르는
보상에 대한 기대감이 높게 나타난 것도 원인이다.

　또한 경기 악화와 기업들의 경영난이 가중되고 있는 가운데 회

사의 비전도 직장인들의 사기진작과 동기부여를 높이는 중요한 요소이지만 역시나 직장인들에게 있어서는 금전적 보상만큼 민감한 것은 없다. 그러므로 직원의 행복도를 높이고 회사의 업무성과를 높이기 위해서는 합리적이고 투명한 보상체계를 마련해 조직 내 핵심적인 역할을 수행하는 직원들에게 충분한 보상이 돌아갈 수 있도록 배려하는 것이 동기부여에 가장 효과적이다.

그러할지라도 당장의 보상에 목매지 마라

직장 생활을 하다 보면 일한 만큼 보상받지 못한다는 일종의 피해의식이 마음을 괴롭히는 때가 많다. 왜냐하면 직장인 대부분은 연봉이 자신에 대한 모든 평가라고 생각하기 때문이다. 그러나 일하면서 받는 보상에 대해 직장 생활의 모든 것인 양 여기는 태도로 사는 것은 바람직하지 않다. 직장 생활을 하다 보면 때로는 당장 보상받지 못한다 할지라도 나중에 더 큰 보상으로 오는 경우가 많음을 알아야 한다.

성경 에스더서에 나오는 한 이야기는 좋은 교훈을 준다. 모르드개와 총리 하만의 갈등이 점점 깊어져 가고 있을 때 극적인 반전을 가져오는 한 사건이 있었다. 전에 모르드개가 궁궐문을 지키면서 아하수에로 왕의 방문을 지키던 두 내시 박다나와 데레스라가 왕을 죽이려는 것을 고발하여 반역을 막은 적이 있었다. 그러나 웬일

인지 그에 대한 적절한 포상이 없었다. 시간이 한참 흐른 어느 날 밤 잠을 이룰 수 없어 무료함을 달래고자 궁중에서 벌어진 일들을 기록한 역대일지를 읽다가 자신을 암살하려는 음모를 모르드개가 알고 고발하여 자신의 생명을 보존하게 된 사건이 기록되어 있는 것을 알게 되었다.

이에 왕은 모르드개의 충성심을 생각하면서 그에게 어떠한 보상을 했는지 알아보고 전혀 보상이 이루어지지 않았음과 여전히 대궐 문 앞에서 사무 보는 관리로 지내고 있음을 알고는 너무나 미안한 마음을 갖게 되어 자신의 불찰을 되돌아보며 큰 상을 베풀었다. 비록 모르드개는 자신의 공에 대해 뒤늦은 보상을 받았지만 이전에 받았을 보상과 비교가 되지 않을 정도의 큰 보상과 왕이 가장 아끼는 신하의 대접을 받게 되었다. 겸손과 인내는 우리의 일터에서도 참으로 아름다운 미덕이다. 내가 일한 만큼 보상받지 못한다는 서운한 마음이 들 수 있으나 반드시 곧바로 보상을 다 받는 것만이 다는 아니라는 것을 알아야 할 것이다.

공정한 보상이 최대의 성과와 행복을 가져다준다

땅 주인이 두 명의 농부에게 일을 맡겼다. 하루 8시간 동안 밭고랑을 갈면 일당 10만 원을 주기로 했다. 한 달 동안 일을 시켰는데 A 농부는 평균적으로 하루에 5고랑을 갈았고, B 농부는 하루에 10고랑을 갈았다. 한 달 일을 평가해 보니 땅 주인은 A 농부에게 준 일당이 아깝다는 생각이 들어 "열심히 일하는 거 맞냐"고 했더니 A 농부는 "내가 얼마나 열심히 일을 했으면 지금 팔도 아프고 허리도 아프고 온몸 어디 한군데 아프지 않은 곳이 없을 정도로 무진장 고생했다"고 항변했다. 땅 주인은 B 농부를 만나서는 "열심히 일해주어 고맙다"고 격려를 했더니 B 농부는 "이번 달까지만 일하고 다른 곳에서 일하겠다"고 말하였다. 자기가 한 일에 비해 일당이 적다는 얘기였다. 일을 못 하는 농부는 최선을 다했다고 말하고 일을 잘하는 농부는 일당이 적다고 그만두겠다고 하니 땅 주인은 난감할 뿐이었다. A 농부는 '일당이 똑같은데 뭐하러 열심히 하느냐'는 생각에 적당히 일하고 일 잘하는 농부는 '나는 A보다 일도 잘하고 더 열심히 일하는데 왜 일당을 똑같이 주나'라고 생각에 불만족스러웠던 것이다. 아주 단순한 밭고랑 가는 일도 평가와 보상이 중요한데 수십, 수백, 수천, 수만 명이 일하는 기업에서 평가와 보상이 중요하다는 것은 말이 필요 없을 것이다.

상기한 사례는 보상체계가 최대의 성과와 직원들의 업무만족도와 행복에 큰 영향을 미친다는 것을 보여준다.

직원들이 돈이나 권력 또는 특권을 누리기 위해서만 일하는 것은 아니다. 직장인은 관심 있는 일을 하고자 하는 욕망, 어려운 문제를 반드시 해결해내고야 말겠다는 도전 의식, 회사의 발전에 조금이라도 기여했다는 데 대한 기쁨 또는 무엇인가 새로운 일을 했다는 만족감에 수시로 동기를 부여받는다. 그럼에도 불구하고 성과에 대해서는 공정하면서도 확실하게 보상을 해주어야 한다. 아무리 동기가 순수하더라도 사람이란 하나같이 보상 시스템에 영향을 받게 마련이다.

따라서 공정한 보상체계는 직원들이 최대의 성과와 행복을 증진하는 데 있어서 매우 중요한 문제다. 기업이 지속적으로 성장하기를 원한다면 공정한 보상이 이루어질 수 있도록 운영해야 할 것이다.

물질적 보상이
전부는 아니다

직장 생활에 있어서 생존을 위해 일을 한다는 것은 누구나 인정한다. 그렇기에 일에 대한 물질적 보상도 매우 중요하지만 그 너머를 생각해보자. 돈과 보상을 위해 일한다는 생각을 잠시 미뤄두자. 대신 더 중요한 가치에 초점을 맞추어보자. 그 가치는 일의 성격이나 일하는 사람의 상황에 따라 다를 수 있다. 중요한 것은 자신만의 가치를 찾아서 그것에 초점을 맞추는 것이다. 예를 들어 '사람들을 행복하게 해주기'라는 가치에 초점을 맞출 수 있다. 내가 하는 일은 사람들을 행복하게 해주는 일이라는 식으로 생각하는 것이다. 그러면 지금 하는 일로 어떻게 사람을 행복하게 해줄 수 있을까를 고민하게 되고 그에 맞는 방법을 찾아내서 일하게 된다. 혹은 '새로운 직장환경을 조성한다'는 가치에 집중할 수도 있다. 단순히 지원부서에서 하는 일이라는 개념으로 보면 따분하게만 느껴질 수 있는 일이 새로운 직장환경을 연출하고 직원들이 즐겁게 일할 수 있도록 환경을 조성하는 일이 되어 매우 중요하게 여기게 된다.

중요한 것은 생존이나 금전적 보상이 아닌 상위가치를 찾아내는 것이며 그 가치를 잊지 않고 일에 적용하는 것이다. 직장 생활의 행복은 일을 바꾼다고 보상이 좋아진다고 달라지지 않는다. 직장 생활에서 물질적 보상과 같은 조건을 따지는 한 만족과 보람은 없기 때문이다. 물질적 보상과 조건을 따지는 관점을 넘어 자신이 추구하는 가치에 집중할 때 직장 생활은 행복해진다.

4 조직문화

조직문화란
무엇인가?

　　　　　　　　조직문화는 직원들이 조직생활을 하는
방식을 말한다. 조직생활을 하는 방식은 함께 생활하는 조직구성
원들의 생각과 행동의 결과로 나타난다. 구성원들은 공동의 목적
을 가진 집단에서 일하면서 조직이 추구하는 가치와 신념을 자신
의 생각과 행동의 지침으로 삼게 된다. 이 과정에서 자연스럽게 조
직의 핵심 가치는 구성원들의 생각과 행동을 조직이 원하는 방향
으로 전환시키는 기준이 된다. 그래서 기업문화는 조직의 핵심가
치를 일상생활화하고 있는 구성원들의 공통적인 생각과 가치, 행동
양식의 집합체인 것이다.

　이는 결국 조직의 성과를 극대화하고 조직의 비전 및 사업전략
달성이 궁극적인 목적이다. 조직문화 구축에 있어서 흔히 빠질 수
있는 함정 중 하나는 선진 기업의 절대 기업문화(Best practice)를 추
구함으로써 개별 기업의 특성을 고려하지 않고 동일한 To-be 모델

을 지향하는 경우이다. 물론 조직문화를 새롭게 정립함에 있어 선진 기업의 성공을 뒷받침했던 조직문화를 벤치마킹하는 과정은 당연히 필요한 활동이지만 이에 경도되어 조직의 산업적, 조직적 특성을 반영하지 않는 단순 모방 차원의 활동으로 귀결되는 것은 경계해야 한다. 이런 경우 구성원들이 해당 가치에 몰입하기 어려워진다.

기존 또는 타사의 기업 문화, 슬로건과 특별히 다를 게 없다는 인식이 조장되기 쉽고 이는 해당 활동이 결국 일회성, 구호성에 그치고 만다. 또한 기업의 지난 역사 속에서 만들어져 온 공유된 가치에 대한 고려가 없어 조직문화로서 뿌리내리고 내재화되기 어렵게 된다. 정체성은 다른 개체와의 구별을 통해서 보다 분명해진다. 기업 고유의 강한 문화를 지향함에 있어 '강한' 문화는 '고유'의 문화이기 때문에 가능하다. '고유의 문화'라는 특성을 구성하는 요소들을 보다 구체적으로 분석해 보면 첫째 타 기업이 쉽게 모방하기 힘든 기업 문화의 특성 및 공유 가치를 가진 경우 그러한 기업문화의 특성은 지속적인 경쟁우위의 원천으로 작용한다는 모방 불가능성, 둘째 그러한 기업문화의 특성은 동종 산업 내에서 흔히 발견되지 않은 희소한 성격을 갖는다는 희소성, 셋째 기업문화가 아닌 각종 제도 또는 시스템상으로 대체할 수 없어야 한다는 대체 불가능성을 들 수 있다. 이는 기업의 역사, 인적·조직적 특성, 산업적 특성을 반영한 기업 특성에 적합한 문화를 지향해야 한다는 의미다. 동시에 조직문화의 콘텐츠를 구성하고 이를 구성원들과 소통

함에 있어서 타사와 대비되는 경쟁 우위 요소로서 기업이 추구하고자 하는 문화적 지향점이 어떤 것인가에 대한 자기 규정이 명확해야 한다는 의미로 활용되어야 한다. 무엇보다 중요한 것은 조직문화 개발의 노력이 단순히 한두 차례의 시도로 끝나서는 안 된다는 점이다.

전 조직의 시야와 행동, 사고방식의 변화는 단시간에 쉽사리 이뤄지지는 않는다. 하물며 몇 가지 슬로건을 차용하고 몇 가지 참신한 프로그램을 가동하는 것으로는 달성되지는 않는다. 고유의 강한 조직문화를 단단히 구축해 놓은 해외 유수의 위대한 기업의 경우 '가치(Value)'를 중요시하는 풍토와 제도를 밑바탕으로 갖고 있으며 오랜 시간의 담금 과정이 있었다. 조직문화 개발이 성공하려면 수박 겉핥기식의 흉내에 그치지 아니하고 새로운 가치와 새로운 조직으로 이어질 수 있도록 일관되고 지속적인 실행이 필요하다.

왜 조직문화인가?

구성원들이 서로 공유하는 가치와 생각 행동양식이 많을수록 조직은 강한 기업문화를 갖게 되는 것이다. 회사는 공동의 목표를 달성하기 위해 다양한 직원들이 모인 곳이다. 삶의 배경이 다양한 직원들이 공동의 목표를 달성하기 위해 같은 직장에서 함께 일하고 생활한다.

회사가 추구하는 목표를 빠르고 높게 이룩하기 위해서는 일터가 경쟁력을 갖추어야 한다. 일터에는 경영진과 상사, 일이 있으며 함께 일하는 동료가 있다. 이 관계를 통해 회사의 목표와 비전을 달성해 나간다. 일터의 경쟁력은 구성원과 경영진 및 상사, 구성원과 업무 그리고 구성원 간의 관계 수준에 따라 달라진다. 이 관계 속에서 공유하는 가치와 생각 그리고 행동양식이 배타적이고 냉소적인지 아니면 긍정적이고 적극적인지에 따라 일터의 경쟁력이 좌우된다. 따라서 일터의 경쟁력을 좌우하는 구성원들의 생각과 태도, 행동 수준은 기업이 추구하는 목표와 비전 기대치를 달성하는 데 결정적인 영향을 미친다.

즉 일하기에 훌륭한 일터란 조직 구성원들이 자신의 상사와 경영진을 신뢰하고 자기 일과 조직에 자부심을 가지며 함께 일하는 구성원들 간에 일하는 재미가 넘치는 일터를 뜻한다.

많은 전문가들은 기업의 지속적 성공과 발전을 위하여 갖추어야 할 핵심 성공 요인으로 흔히 언급되는 적절한 사업전략, 높은 기술력, 시장 내 포지션 상의 강점 등 하드웨어적인 요소들뿐 아니라 해당 기업 공유의 강한 조직문화를 꼽는다. 무형의 가치인 조직문화를 조직 성공의 핵심 키워드로 꼽는 이유는 무엇일까? 첫째, 기업 고유의 강한 조직문화는 구성원들을 하나의 구심점으로 결집시키고 조직에 몰입할 수 있도록 한다. 둘째, 조직문화 사업 전략 및 시장 환경에 바람직한 행동을 지속적이고 안정적으로 유도하는 역할을 한다. 이를 통해 장기적 관점에서 기업의 탁월한 성과를 창출

하는 데 조직적인 기반으로 활용할 수 있다. 셋째, 기업의 문화는 타 하드웨어적인 요인에 비하여 경쟁 기업에서 모방하기 어려운 특성을 갖고 있기 때문에 중요한 경쟁 우위 요소로 활용 가능하다는 장점을 가지고 있다.

조직문화의 핵심가치

핵심가치(Core value)는 다양하게 정의되고 있지만, 일반적으로 조직의 본질적이면서 변하지 않는 지속적인 신념이나 신조를 뜻한다. 개인에게 살아가면서 중심을 잡아주는 역할은 바로 자신이 추구하는 '가치'일 것이다. 이는 기업에 있어서도 마찬가지이다.

'가치'는 조직 내 구성원들의 의사결정과 행동방식의 기준이 되어 일체감을 강화시키고 때로는 위기극복을 위한 구심점이 되기도 하는 등 조직의 성공 DNA 역할을 한다. 조직의 철학과 정체성을 이해하고 공유함으로써 모든 조직의 구성원이 공통된 가치관을 가지고 조직의 목표로 나아갈 수 있다. 핵심가치는 기업규모가 커질수록 중요한 역할을 한다. 벤처기업 같은 신생 소규모 기업은 아직 프로세스가 정형화되지 않아서 창업자 등 몇몇 사람의 능력에 따라 경영이 좌우된다. 그러다가 규모가 커지면서 프로세스가 만들어지고 몇몇 사람에 의존하던 활동이 프로세스에 따라 이루어지게 된다. 더불어 규범이나 제도도 생겨난다. 이러한 시스템에 의한 경영이 이루어지는 단계에서 경영은 자칫 관료주의로 흐를 위험성이 있다. 스태프 기능이 지나치게 커져서 꼬리가 몸통을 흔드는 왝더독(Wag the dog)현상이 나타날 수 있다.

또한 제도나 프로세스에 의해서 기업 활동이 이루어지다 보면 시장과 고객의 변화에 민첩하게 대응하기가 어려워질 수도 있고 중요한 의사결정에서 실수를 범하기도 한다. 조직의 규모가 커질수록 경영은 핵심가치나 문화에 의해 관리된다. 이렇게 되면 구성원 개개인이 자율적으로 의사결정을 내리고 제도나 규정을 단순히 따르는 것이 아니라 회사가 가치 있다고 인정하는 것에 따라 스스로 행동하게 된다. 그렇기 때문에 규모가 큰 조직일수록 핵심가치와 조직문화를 더 중요하게 여기는 경향이 있다. 기업이 지향하는 바를 구성원에게 인식시키고 이 기준에 따라 행동하게 하면 아무리 커다란 조직도 하나가 되어 일사분란하게 일관된 방향으로 나아갈 수 있다. 이것이 바로 핵심가치의 힘인 것이다.

조직문화를 통해 구성원들의 자발적인 참여와 업무 몰입을 유도하여 기업 성과를 성공적으로 이끌어낸 기업들 중 대표적인 케이스로 Southwest Airline의 경우 '구성원 중시' '즐거움 추구'를 핵심가치로 구성했다.

CEO인 허브 켈러허(Herb Kellerher)는 유명한 Fun 경영, 직원 중심의 인사제도와 교육, 권한위임 및 정보공유 등의 업무 프로세스를 통해 지속적으로 핵심가치를 전파하고 공유함으로써 자사만의 문화를 대내외적인 경쟁 우위 요소로 정립했다. 이는 구성원 만족도 향상 및 고객서비스 제고라는 기업 성과 향상의 기반으로 작용하고 있는 것으로 평가된다. 제너럴일렉트릭(GE)의 경우에도 지속적인 성장 추구라는 전략 목표 달성을 위해 '4 Actions 8 Values'라는 가치체계를 구성하고 이를 기반으로 지속적인 변화와 혁신, 인재양성과 리더십, 윤리 경영 실천 등의 활동을 통해 거대한 조직이면서도 핵심가치와 윤리 강령을 중심으로 끊임없이 성장하는 탄탄한 문화를 구축했다. HP의 경우에는 'HP Way'를 중심으로 기존의 사람 중시, 합의 중시 문화, 구성원 간 관계 및 유대 중시, 팀워크 장려 문화의 장점을 유지하면서 컴팩(Compaq)과의 합병 이후에는 'New HP Way'를 설정해 소비자 관점과 민첩성을 강조하는 문화를 구축해 나갔다.

작은 것을 소홀히 하면
큰 것을 만들어
갈 수 없다   작은 물방울이 모여 바위를 뚫고 강을 거쳐 바다로 향하듯이 모든 큰일의 시작이 사소한 일에서 시작되고 젓가락 하나하나는 손쉽게 부러뜨릴 수 있지만 여러 개를 하나로 묶으면 기둥이 되듯이 조직문화 구축에 있어서 작은 것을 소홀히 하면 큰 것을 만들어 갈 수 없다. 우리는 무언가를 이루기 위해서 큰 것을 바꿔야 한다고 생각하지만 사소한 노력이 진짜 변화를 만들어 낸다.

'깨진 유리창 법칙'이란 게 있다. 어떤 건물의 깨진 유리창 하나를 그대로 방치하면 사람들이 죄책감 없이 다른 유리창을 파손하게 되고, 점차 주변으로 확대해 결국 범죄로까지 이어질 수 있다는 이론이다. '직장인 의식'도 마찬가지다. 비非양심적인 행동에 대한 신상필벌의 공정성, 실적 및 역량에 대한 공정한 보상이 확보되지 않는다면 결국 조직원 다수가 비양심적 행동, 업무활동에 대한 나태에 동참하게 된다. 이는 조직 전체를 병들게 한다. 더 나빠지기 전에 우리 조직의 '깨진 유리창'을 들여다보고, 우리 직장인 의식 수준을 높일 수 있도록 해야 할 것이다.

아무리 좋은 조직문화와 핵심가치를 내걸었다고 해도 작은 것을 소홀히 하면 실패할 수밖에 없다. 직장 생활에서 가장 가까이 볼 수 있는 것이 근태다. 어느 한 명의 직원이 아침 9시 또는 9시가 조금 넘은 시간에 회사에 도착하여 커피 한 잔 및 직원들과의 잡담이나 나누면서 나태하게 업무를 처리하다 엎드려 절 받기 식으로 6시 정각에 칼 같이 퇴근을 한다고 치자. 이런 직원이 직장 생활을 지속적으로 한다면 주변의 직장인들도 '뭐 저렇게 해도 월급만 잘 받고 회사만 잘 다니는 데 나도 편하게 다녀버릴까?'라는 생각을 하게 될 것이다. 이렇듯 작은 것 하나, 어느 한 사람에 대해서도 소홀히 여겨서는 안 된다.

결국
사람이다

조직문화의 개발은 결국 조직을 구성하고 있는 리더와 조직원으로 귀결된다. 실제로 조직 내 많은 이슈와 개선은 리더의 리더십과 조직원들의 인식과 의지에 달려 있다. 특히 직원들은 회사를 이끄는 리더의 경영철학과 방향에 맞추어 일하기 때문에 조직을 이끄는 리더에게 달려 있다고 볼 수 있다. 이는 조직문화 개발에서 보다 강조된다. 조직문화 개발은 구성원의 인식과 기준을 변화시키고 결국 구성원의 행동을 변화시키는 인적 활동이다. 구성원의 행동 기준이 되고 구성원의 행동을 만들어 가는 역할을 하는 것이 조직 내의 리더다. 리더는 단순히 조직문화의 전달자로 국한되어서는 안 되며 조직 문화를 체화하여 활동하여야 한다.

눈치 보며 자리 지키기 문화를 혁신하고 탄력적으로 근무하는 문화를 만들기 위한 경영진의 노력과 구성원의 행동도 구성원이 조기 퇴근 할 때 시계를 힐끗 쳐다보는 팀장의 작은 행동 하나로 무산될 수 있다. 조직문화 변화에 있어 CEO는 일관된 메시지를 전달하는 역할로서의 주체가 되어야 하고 중간관리자 등 조직 리더들은 조직문화의 체화자로써 주체가 되어야 한다. 조직문화 정착 과정에서 리더십에 대한 정기적인 진단과 피드백, 리더십 육성 프로그램 활동 등의 프로그램이 뒷받침되어야 하는 이유이다.

동료와의 관계

| 직장 생활을
| 오래 할수록 더해지는
| 동료의 소중함   직장 생활에 하면서 어느 정도 위치에

오르게 되면 외롭다. 그리고 불안하다. 열심히 살아오는 동안 자

신을 잃고 일만 하다 떠나 보낸 세월을 새삼스럽게 깨닫게 된다.

힘든 직장 살이를 함께 하는 동료는 참 소중한 존재이다. 우리는

대체적으로 동료를 그저 그런 사람으로 생각하고 동료의 소중함을

모르고 직장 생활을 하는 경우가 많다. 직장인에게 직장은 자는

시간을 제외하면 거의 하루의 모든 시간을 지내는 소중한 곳이다.

이렇게 볼 때 가족과 생활하는 시간보다 동료와 함께 지내는 시간

이 더 많다고 볼 수 있다.

직장동료는 업무적이든 인간적이든 특별한 관계를 형성하지 않

을래야 않을 수 없고 또 자연스레 특별한 관계가 형성된다. 지금

우리는 같은 회사 동료, 같은 직장의 선후배가 가장 소중한 시대에

살고 있다. 흔히 말하는 '인적 네트워크' 또는 '인간관계'가 중요시

되는 사회이다. 따라서 혈연, 지연, 학연을 가장 소중하게 여겨왔다. 하지만 지금은 혈연, 지연, 학연보다 더 소중한 것이 바로 직연(직장의 인연)이다. 현재 직장의 동료, 선후배, 직장을 통해서 직간접적으로 만나는 사람들과의 인연이 가장 소중한 시대에 살고 있는 것이다. 가장 많은 삶의 순간들을 함께 공유하고, 생존을 위해서 같은 문제로 함께 고민하고 머리를 맞대고 해결책을 찾는 끈끈한 동료애愛가 직연을 제일의 가치로 만든다. 만남의 깊이는 시간이 오래되었다고 깊어지는 것이 아니라, 얼마나 상대방을 소중히 여기는 태도가 마음속에 깊이 자리 잡고 있느냐에 달려있다. 지금 내가 인연을 맺고 있는 동료, 함께 생활하는 동료, 자주 만나는 동료는 더할 수 없이 소중한 존재이다. 직장에서 함께 근무하고 직장의 일로 알게 되어 좋은 인간관계를 맺는 것이 얼마나 소중하고 인적네트워크를 형성하는 데 도움이 되는지 모른다.

우리가 늘 함께하는 물, 공기에 대해 소중함을 모르고 지내는 것처럼, 조직의 동일한 목표를 추구하는 데 없어서는 안 될 구성원이자 선의의 경쟁상대이기도 한 회사 동료, 치열한 경쟁과 업무 스트레스 등으로 자칫 동료의 존재나 소중함을 잊고 지내기가 쉽다. 동료와의 관계가 원만하면 회사생활도 즐겁기만 하다.

내가 먼저 희생하고, 먼저 다가가 인사하고, 봉사하는 마음으로 사는 직장 생활 한편으로는 나를 좋게 평가하는 마음, 같이 근무하면서 즐거움과 기쁨을 느끼는 마음을 갖도록 직장 동료에게 최선을 다하고 상사와 관계를 잘 구축하며, 후배들을 잘 이끄는 선배가 된다면 이미 당신은 성공한 사람이고 행복한 사람이다. 먼 친척보다 가까운 직장 동료, 선후배가 더 중요하다는 것이다.

적당한 거리
유지하기

아무리 편하고 친한 동료라 할지라도 적당한 거리를 유지하는 것이 필요하다. 한겨울 추위가 기승을 부리면 고슴도치들은 추위를 견디기 위해 한곳에 모여 체온을 나눈다. 하지만 가까이 가면 상대방의 가시에 찔려 물러나야 하고 더 멀어진다. 그렇게 거리를 두었다가 추우면 다시 모이기를 반복한다. 그렇게 모이고 떨어지기를 반복하면서 고슴도치들은 서로 찔리지 않으면서 온기를 나눌 수 있는 적당한 거리를 찾는다. 직장 내 동료 관계도 적당한 거리를 유지해야 오래도록 유지될 수 있다. 친한 동료 간 적당한 거리를 유지하여 충동을 피하고 예의를 지키며 상대방을 존중하고 살아가는 것이 직장 생활의 행복을 증진하는 데 도움이 된다.

우리 인간은 어느 땐 감당할 수 없을 정도로 직장 동료와의 관계에서 힘들어하다가도 어느 때는 목이 타도록 그리워하는 때가 있다. 직장 내에서 동료와의 관계도 우리 삶 속에서의 인간관계처럼 적당한 거리를 유지한다는 건 항상 운명적인 것 같다. 아무리 서로 친한 사이라 할지라도 서로에게 약간의 예의는 반드시 필요하다. 너무 허물과 격 없이 대하다 보면 본의 아니게 서로에게 상처를 주기 때문이다. 그리고 나를 모르는 사람이 하는 말보다 나를 잘 아는 사람이 하는 말에 더 큰 상처를 받는다. 그래서 친한 동료 사이일수록 적당한 거리를 두는 것이 긴장감을 주어서 좋은 관계를 더 오래오래 지속시킬 수 있다.

하지만 이 적당한 거리를 유지하는 것이 쉽지 않음을 느끼게 된다. 동료와 나의 친밀도가 딱딱 맞아떨어진다면 모를까 내가 좀 멀리하고 싶은 상대 혹은 가까이 하고 싶은 상대와의 그 미묘한 간극을 어떻게 조절해야 할지 난감할 때가 있다.

우리가 단순히 거리만으로 감정이 좌지우지 될 수 있다면, 동료와의 거리를 마음대로 조절할 수 있다면 얼마나 좋을까? 하는 생각을 하게 될 것이다. 그렇다면 마음과 머리가 일치하지 않아 동료와의 갈등으로 괴로워할 일도 밀고 당기기 따위의 고민이나, 마음졸이는 것도 없을 것이다. 하지만 한편으로는 만약 기계적으로 딱딱 조절이 가능하다면 얼마나 재미없는 직장 생활이 될까? 그저 단순한 거리 조절만으로 사람 마음을 어찌할 수 있다면 참 쉽지만 팍팍하고 맛없는 직장 생활이 될 것이다. 그렇기 때문에 적당한 거리를 유지하며, 피해와 상처를 주지 않는 선에서 서로가 도움이 될 수 있는 거리를 유지해야 한다.

동료는 삶의
지지자이자 동반자다

직장 생활의 위기는 누구에게나 찾아오기 마련이다. 직장 생활의 위기를 잘 이겨나가기 위해서는 이 길을 함께 가 줄 직장동료가 필요하다. 만약 극심한 업무 스트레스로 우울증에 빠질 경우 현실 파악 능력이 현격하게 떨어지면서 자기 비하를 하게 되는데, 이를 인지적 왜곡 반응이라고 한다. 이때, 개인적인 노력도 중요하지만 자신과 같은 어려움을 겪고 있는 동료의 도움을 받는 것이 가장 효과적이다. 자신이 느끼는 좌절감, 불안, 공허감을 들어주고, 혼자만 겪는 것이 아니라며 서로 격려해 주고 그동안 수고했다고 다독거려 주고 함께 즐거운 시간을 보낼 직장동료가 있다면 직장 생활의 위기를 잘 극복해 나갈 수 있다.

직장 생활의 동료는 서로 경쟁하면서 발달을 촉진하고 앞으로 살아갈 사회 생활을 연습시켜주는 학창시절의 친구와는 또 다른 의미를 갖는다. 직장 생활을 시작하면서부터 가장 많은 시간을 함께 하는 동료는 직장 생활의 안정감을 주기도 하며, 힘든 순간에 힘이 되어 주기도 하며, 직장 생활에 있어서 동반자가 되어주기에 뜻이 맞는 동료가 곁에 있다는 건 크나큰 행운이다.

직장동료는 행복이다. 직장동료는 아름답고 소중한 삶의 지지자이자 동반자이다.

동료와
우정 쌓기

친구는 선택할 수 있지만 직장 동료는 선택할 수 없다. 그래서 업무에 대한 스트레스보다 직장동료와의 대인관계에서 오는 스트레스가 더 큰 법이다. 관계가 너무 멀게 떨어져 지내도 문제, 너무 친하게 가까이 지내도 문제다. 직장인 대부분은 '일 잘하는 왕따' 보다 '일 못 하는 인기인'이 되고 싶어 한다. 직장 내 대인관계에서 소외당하는 순간 그 사람의 존재감은 약해지고, 존재감이 약해질수록 직장 내 입지도 함께 줄어들기 때문이다. 하지만 무조건 인기인이 되어도 자칫 근무태만으로 보여질 수 있으므로 주의해야 한다.

직장 내 인간관계는 상호 작용이다. 내가 잘한 만큼 내게 돌아온다. 사소한 관심, 친절한 말 한마디에 센스 넘치는 사람으로, 기분 좋게 만들어 주는 직장 동료로 인식 될 것이다. 간혹 동료이기 전에 경쟁자라고 생각하는 경우가 있지만 안타깝게도 우리는 점점 더 많은 사람들과 더 오랜 시간 일하게 되고 가족과 친구를 만날 수 있는 시간은 점점 줄어들고 있다. 마음을 열고 내 삶의 동반자, 나의 애로 사항을 제일 잘 알아주는 동료로 인식하고 너그러운 마음과 배려하는 마음으로 동료들을 대한다면 직장동료와 돈독한 우정을 쌓을 수 있다.

가장 손쉽게 할 수 있는 반갑게 눈을 마주치며 상냥하게 인사하기, 생일 챙기기, 최소한 연 1회 이상의 친구와의 등산 또는 여행

등 취미활동을 통하여 지속적인 우정을 쌓아가고 아름다운 우정을 통해 보다 행복한 직장 생활 만들어 가면 좋을 것이다.

슬픔과 기쁨을 함께 나눠라

직장 생활에서도 슬픔과 기쁨을 나눌 수 있는 직장동료가 없는 것만큼 적막한 것은 없다. 우정은 기쁨을 더해주고 슬픔을 감해주기 때문이다.

남자가 세 번 울 때는 첫 번째 부모님 돌아가실 때, 둘째 태어날 때, 셋째 나라가 망할 때라고 했다. 이처럼 부모님 돌아가실 때가 세상에서 가장 슬플 때가 아닌가 싶다. 그래서 우리들은 경사에는 못 가더라도 애사에는 꼭 찾아보아야 한다고 이야기한다. 직장동료의 경조사는 반드시 챙기도록 하라.

물론 반드시 동료, 지인이 아니더라도 축하할 일이 생기면 언제가 되었던 달려가고 애도할 일이 생기면 늦은 시간이라도 서슴지 않고 달려가는 것이 좋다. 일반적으로 피곤할 때도 있고 약속이 겹치는 경우도 있겠지만, 언제나 주위에 사람들로 둘러싸여 있는 사람들을 보면 경조사를 잘 챙기는 사람들이다. 예로부터 경조사를 통해 우리들은 서로 간의 관계를 맺는 정도를 평가하는 듯하다.

6

마음가짐

사랑을 나누는
삶을 살아라

우리는 직장 생활을 통하여 의식주의
기본을 해결하는 방안을 찾으며, 더 본질적으로 우리들의 생활 중
에 가장 많은 시간이 투자되는 직장에서의 생활은 각자의 삶으로
보나 회사의 궁극적인 발전으로 보나 무엇보다도 우리들의 참된 행
복추구를 지향하고 가야 할 것이다. 우리의 인생 자체가 만남의
연속이듯이 직장 생활의 가장 중요한 과제는 사람들과 만남이 되
고 만나는 이들과의 관계를 어떻게 이루어 갈 것인가이다. 살 맛
나는 직장 생활은 이렇듯이 우리 삶의 궁극적 목표인 행복추구를
향한 노력에 지향점을 두고 가장 중요한 과제인 만남들을 어떻게
이루어 나가느냐에 달려있다. 행복은 저절로 얻어지는 것이 아니
라 우리들이 노력하여 감에 따라 만들어지는 것이기에, 행복한 삶
이 되려면 직장 생활에서 만나는 이들과 사랑을 나누는 삶을 살아
가려는 노력이 필요하다.

우리는 다른 사람들을 필요로 하며, 다른 사람들에게 자신이 필요하다는 느낌도 필요하다. 우리는 사랑을 통해 행복하고 안정적인 관계를 이룬다. 다른 사람들하고 애정이 있는 관계를 유지하는 사람은 호르몬의 균형이 더 잘 이루어지고 더 건강하고 정신적으로 더 행복함을 느낀다. 사랑은 인간관계에서 동적이고 현재 진행형으로 이루어지는 과정이다.

사랑은 상대방이 나 자신만큼 중요하거나 나보다 더 중요하다는 것을 깨닫게 해주는 놀라운 것이다.

사랑이 없으면 인간에게 행복도 존재할 수 없다. 성경에도 '믿음, 소망, 사랑 중 제일은 사랑이다'라고 하지 않았는가!

사랑은 혼자서는 할 수 없는 것이다. 그리고 받는 것만으로는 부족하다. 우리는 사랑을 받아들일 줄 알아야 하고, 사랑을 되돌려줄 줄도 알아야 한다.

사랑은 줄수록 더 아름다워지는 것이다. 받고 싶은 마음 또한 간절하지만 사랑은 줄수록 더욱 빛이 나는 것이다. 늘 사랑하는 마음으로 주위 사람들을 돌아보며 작은 사랑을 나누는 삶을 살아갈 때 행복은 더욱 커지게 된다.

사소한 것에도
기뻐하고 즐거워하라

하루는 어떤 직원이 퇴근을 하면서 "집에 잘 다녀오겠습니다"라고 말하여 주변 동료들에게 한바탕 웃음을 짓게 만들었다. 우리는 아무리 직장에서 머무는 시간이 집에서 머무는 시간보다 많다고 하여 직장에 다녀온다고 하지 집에 다녀온다고 하지는 않는다.

그러니 직장에서의 하루가 행복하면 하루종일 행복해지고, 인생이 행복해질 수 있다. 반면에 직장에서의 하루가 고통스러우면 하루종일 고통스럽고, 인생이 불행해질 수 있다. 직장 생활을 행복하게 하는 게 인생을 행복하게 사는 비결이다. 직장에서의 사소한 기쁨과 즐거움이 모여 삶의 기쁨과 즐거움이 된다. 출근하면서 마주치는 풍경, 출근하면 만나는 사람들, 누가 시키지 않아도 스스로 찾아서 하는 일, 동료들과 함께 하는 맛있는 점심 식사, 일하는 짬을 내어 마시는 커피 한 잔, 가끔은 신나는 회식자리, 퇴근하면서 보는 야경, 매달 돌아오는 월급날 등 직장 생활을 하면서 만나고 겪게 되는 사소한 기쁨과 즐거움은 얼마든지 있다.

직장 생활에 있어 사소한 것에도 마음을 다해 기뻐하고 즐거워하자. 그리고 맡겨진 일을 스스로 찾아서 정성껏 처리하자. 분명히 당신의 직장 생활 하루하루가 행복해지고 인생도 달라질 것이다.

물처럼 화평和平한
직장 생활을 하면
인생이 평안하다

소위 주변에서 직장 생활을 잘한다는 사람들을 보면 적敵이 없다는 특징이 있다. 그냥 평범하면서도 조용하고 둥글둥글하게 직장 생활을 하면서 행복을 만들어간다. 이렇듯 행복한 삶을 살기 위해서 우리는 화평한 마음을 가져야 한다. 삶에 있어서 사사로운 일로 시시비비를 가리는 일을 하지 말아야 한다. 왜냐하면 화평을 깨뜨리기 때문이다.

직장도 여러 종류의 사람이 모여 사는 곳이기에 어디나 반목, 다툼의 불씨를 안고 있다. 심지어 아주 사소한 것에 대해서도 자존심을 지키려고 싸운다. 인간은 우월감을 느낄 때 안심하는 성향이 있다. 그로 인해 경쟁심, 시기심, 적개심, 분노 등이 일어나고 이로 인해 다툼이 끊이지 않고 일어나고 있다. 그러므로 우리에게 정말 필요한 것이 화목과 평화이다. 비교, 경쟁이 아닌 용서하고 공존하는 삶을 살아가는 것이 행복한 삶을 방해하지 않는다. 스스로 욕심을 버리고 다른 사람들을 인정하며 함께 살도록 노력하라. 물과 같은 삶을 사는 것이 가장 좋다. 물은 만물을 모두 이롭게 하면서도 다투지 않기 때문이다. 세상은 물 없이는 살 수 없다. 그렇지만 물은 항상 높은 곳에서 낮은 곳으로 흐른다. 산이 있으면 멀리 돌아간다. 바위가 있으면 피해 간다. 웅덩이가 있으면 다 채우고 기다렸다가 지나간다. 세모난 그릇에는 세모가 되고 네모난 그릇에는 네모가 되어 여러 모양을 다 채우고 만족하게 하고 지나간다. 결국은 낮은 곳으로 낮은 곳으로 흘러 마침내 바다를 이룬다. 바다는 세상의 모든 것을 다 받아들인다 해서 '바다'라고 한다. 바다는 모든 것을 품는다. 이 모든 것을 품는 것이 바다이고 바다는 곧 물이다. 그래서 물은 모든 것을 품는 것이고, 겸손의 상징이다. 또한 물은 자기가 없는 사람을 말한다. 그래서 우리는 물 같은 사람들을 폄하하기도 하지만, 물 같은 헐렁한 사람들 때문에 평화가 유지되는 것이다. 우리는 이런 물과 같은 포용력 있고 겸손한 사람이 되어야 한다. 이제 우리는 직장 생활의 즐거움과 행복을 위해서 자신의 생각과 행동이 다른 사람들을 이해하고 함께 하여 평화가 넘치는 삶을 살아야 하겠다.

인내忍耐는 만사의 덕목이다

이직을 하든 창업을 하든 지금 다니고 있는 회사를 그만둔다는 생각만 해도 짜릿하고 자유로운 느낌이 온몸을 휘감는다. '그래. 뭐 얼마나 잘 먹고 잘 살겠다고, 여기 아님 먹고 살 수 없나?'라며 누구에게도 말 못 할 사정으로 끙끙대고 있을 때 당장이라도 떠나고 싶은 마음은 간절해져만 간다. 하지만 쉽사리 떠날 수 없는 이유는 아무런 대책도 세워두지 않았으며 회사란 존재는 어딜 가나 비슷한 성격을 띠고 있기 때문이다. 더군다나 지금 회사에서 겪고 있는 어려움을 피해간다 해서 옮겨가는 회사나 가게가 탄탄대로일 거란 보장은 없다. 어쩌면 더한 어려움이 기다리고 있을지도 모른다.

어떤 일을 하든 세상에 쉬운 일이란 없다. 자기가 하고 싶은 일을 하지 않는 한 모두 짜증 나는 일이 직장 생활이다. 그렇기 때문에 참는 것, 인내는 직장 생활에서 가장 중요한 원천이다. 직장 상사들로부터 받는 거대한 스트레스, 연봉과 승진에 대한 불만과 섭섭함, 동료와의 부딪힘, 부하 직원들에 대한 불만족, 업무 성과에 대한 압박, 심지어는 출퇴근에 대한 고생까지 그야말로 모든 삶의 스트레스와 그에 따른 인내가 필요하다. 순간을 참는 것이다.

그렇다. 모든 직장인에게 있어서 하루하루의 직장 생활은 인내의 연속이다. 일시적 인내가 끊임없이 발생하면서도 장기적 인내가 늘 상존하는 곳이다. 지나가면 아무것도 아닌데 순간을 못 참고 화를 내거나 이성을 잃으면 직장 생활을 오래 못할뿐더러 더욱더 직장 생활은 힘들어지게 된다. 아무 간섭 없이 매일 내게 딱 주어진 고정된 일을 정해진 시간 내에 '혼자서' 자기 마음대로 수행하고 그 누구의 눈치도 보지 않고 룰루랄라 퇴근한다면, 역시 '정해진' 기간 이후 '정해진' 만족스러운 급여로 인상되며 자기가 그만 두고 싶을 때까지 마음대로 근무할 수 있는 그런 직장에서 일했으면 하는가? 과연 그런 유토피아 같은 꿈의 직장이 있을 것 같은가?

결론적으로 그 어디에도 없다. 꿈 깨자. 어디를 간다 한들 바라는 것과 기대하는 바가 서로 일치하지 않는다. 묵묵히 제 할 일 하며 힘들 때나 기쁠 때나 인내하며 직장 생활을 해나간다면 어느덧 기쁨과 보람을 느끼는 직장 생활을 하게 될 것이다. '지금 네가 앉아 있는 자리가 꽃자리니라'라는 말도 있지 않은가? 인내는 만사의 덕목으로 우리 직장인에 있어 아름다운 힘이다

김연아 선수와 박지성 선수 같은 사람들이 세상 사람들로부터 사랑과 존경을 받는 이유가 바로 그들이 끝까지 포기하지 않고 인내하며 열심히 노력해서 끝내는 성공적인 인생을 살았기 때문이다. 중간에 포기하였더라면, 중간에 게으름을 부렸더라면, 중간에 한눈을 팔았더라면 결코 올 수 없었던 길을 걸어왔기 때문이다. 바로 이들과 같이 기나긴 세월을 끝까지 인내하며 고통을 이겨내고, 인생의 목적인 행복을 아름답게 성취해야 하는 것이 우리 인생이다.

끝없이
용서容恕하라

요즘처럼 복잡하고 다양한 사람들과 관계를 맺고 사는 우리는 하루에 열두 번도 더 화가 나는 일을 겪게 된다. 개인적인 스트레스를 회사에서 푸는 직장 상사와 이기적이고 매너 없는 동료에게 화가 나고 자기가 마치 상사인 것처럼 개념 없이 구는 부하 직원에게도 화가 난다. 이러한 사소한 스트레스가 화로 발전하고 이것이 병으로 진전되면 화병이 된다. 그렇다면 도대체 화를 어떻게 다스려야만 하는 것일까? 사실 화가 나는 감정, 스트레스라는 것은 일시적인 현상이고 개개인마다 받아들이는 정

도는 다르다.

가장 이상적인 방법은 화가 나는 상황에 부딪혀도 영향을 받지 않을 만큼 마음의 내공을 열심히 쌓아서 화가 머리끝까지 치밀어 오르더라도 인내하는 참을성을 갈고 닦는 것인데 보통 사람들이 이렇게 하기는 쉽지가 않다. 또한 악을 품고 있지만 억지로 참는다면 그것 또한 더 큰 화병으로 커질 것이다. 화가 나지 않게 하는 가장 효과적인 방법은 용서하고 감사하는 마음이다. 용서는 심신의 건강과 평화를 가져다 준다.

용서하는 마음은 행복을 불러온다. 분명히 '어떤 사람이 무엇을 하든지 그 사람을 용서하며, 어떻게 되든지 그 사람을 거절하지 않고 애정을 가집니다'라고 모든 것을 용서하고 받아들이는 마음을 항상 가지고 산다면 애정과 행복으로 가득 찬 삶을 살아갈 수 있다.

어질고 착하게良善 살아라

우리는 누구나 성공과 출세를 추구하고 부와 명예를 좇는다. 치열한 무한경쟁시대를 살아가는 직장인에게 그것은 도덕적으로 비난받을 일은 아니다. 하지만 어질고 착하게 산다는 것은 행복한 삶을 만들어 가는 데 있어 매우 중요한 마음가짐이다.

직장 생활을 하면서도 언제 어디서나 선을 베풀 여력이 되거든 베풀기를 아끼지 말아야 하며 열심히 선을 행하는 삶을 살아야 한다. 좋은 일을 많이 하는 삶, 좋은 일을 힘써서 하는 삶, 좋은 일은 은밀하게 하는 삶을 살면 행복한 마음이 매우 커지게 된다. 물론 오른손이 하는 것을 왼손이 모르게 은밀하게 선을 행한다는 것이 결코 쉽지는 않지만, 은밀하게 선을 행하면 행복은 몇 배로 커져서 돌아오게 되어 있다. 선을 베푼다고 할 때 대부분 어떤 물질적인 것을 베푸는 것을 생각하기가 쉽다.

하지만 물질을 가지지 않고도 우리의 직장 생활 속에서 얼마든지 선을 베푸는 아름다운 삶을 살 수가 있다. 첫째, 부드럽고 편안한 눈빛으로 사람을 대하는 것이다. 얼굴에 화기애애하고 기쁨으로 가득 찬 미소를 머금은 표정은 그 자체만으로도 주위의 많은 사람들에게 기쁨을 안겨줄 수 있다. 둘째, 공손하고 아름다운 말로 사람들을 대하는 것이다. '말 한마디로 천 냥 빚을 갚는다'는 속담에서도 말의 중요함을 알 수 있다. 셋째, 예의 바르고 친절하게 다른 사람들을 대하는 것이다. 사람을 만나면 공손한 자세로 반갑게 인사하고 어른을 만나면 머리 숙여 인사를 하는 것이다. 이렇게 공손하고 예의 바른 몸가짐은 우리 주위의 많은 사람들에게 훈훈한 마음을 안겨 준다. 마지막으로 착하고 어진 마음을 가지고 사람을 대하는 것이다. 이것은 우리가 마음으로 이웃들에게 베푸는 것으로, 마음가짐을 항상 따뜻하고 자비로운 마음으로 대한다면 우리의 직장 생활은 한결 아름답고 행복하게 될 것이다.

어질고 남에게 필요하고 이로운 사람에게는 적이 없다. 그러나 무조건 사람이 어질고 착하기만 해도 바보로 보이기에 주의하여야 한다. 온전하게 어질고 착한 사람이 되려면 많이 배우고 겸손해야 한다. 어질고 착함을 다스릴 줄 모르면, 자칫 교만으로 흐르기 쉽고 받아들이는 사람 입장에서 오히려 불쾌함을 느낄 수 있다. 어질고 선을 베풀더라도 상대방의 입장을 헤아려서 거기에 알맞게 베풀어야 한다.

| 온 마음을 다해
| 정성情誠 들이는
| 삶을 살아라

간절히 바라고 혼신의 힘을 다해 정성을 들인다면 무엇이든지 반드시 이루어진다. 어떻게 해서라도 반드시 이루고 싶다는 간절한 마음을 가지고 소위 젖 먹던 힘까지 온 힘을 다해 성실히 노력하면 바라는 대로 이루어진다.

사자가 사냥을 할 때 비록 작은 토끼라 할지라도 사력을 다하듯이 지극히 작은 것에도 최선을 다하는 삶에는 보람과 기쁨, 그리고 행복이 반드시 뒤따른다. 그러한 삶은 누가 보지 않아도 열심히 하고, 환경이 그 아무리 어려워도 열심히 하고, 마음 중심으로 시종일관 신실하게, 끝까지 잘하려 노력하는 삶을 사는 것이다. 비록 아무리 사소한 일이라 할지라도 혼신의 힘을 다하는 삶을 살아간다면 누구든지 세상을 살아가면서 염려가 있든지, 고통이 있든지, 죽음이 가까이 있다 할지라도 삶에 대해 불평불만을 갖지 않고 항상 긍정적이고 만족스러운 마음 자세로 살아가게 될 것이고 이런 삶 자체는 곧 행복한 삶이 될 것이다.

당신에게 주어진 하루하루에 진실과 정성을 담은 삶을 살아가면 당신이 바라는 그 어떤 것도 이루어지게 될 것이고 기쁨과 행복이 넘치게 될 것이다.

절제節制 할 줄 아는
삶은 행복하다

절제는 우리의 인생을 더욱 더 풍요롭고 아름답고, 행복하게 해주는 힘이 있다. 행복의 열매를 맺게 해주는 절제節制란 자제自制를 말한다. 자제란 스스로 자自에 억제할 제制로 자기 감정을 스스로 억누르는 것을 말한다. 또한 절제란 '지나치지 않는 것' 또는 과過를 피하는 것'을 말한다.

우리가 행복한 삶을 위해서 몇 가지 절제하여야 할 것이 있다.

첫째, 마음을 절제해야 한다. 사람의 마음에는 여러 종류의 마음이 있다. 기분이 좋을 때는 모든 것이 허용되는 좋은 마음이 되지만, 기분이 나쁠 때는 완악한(굳어진) 마음이 되기도 하고 때로는 마음이 교만해지기도 하며, 어느 때는 악한 마음이 되기도 한다. 자기 조절 능력(Self control)으로 절제를 모르는 사람은 브레이크가 고장 난 자동차와 같다.

둘째, 술과 색욕을 절제해야 한다. 술과 섹스는 적당하고 올바르게 사용한다면 매우 좋다. 그러나 지나치게 탐욕을 부린다면 그 사람의 인생은 불행해질 것이다.

셋째, 지나치게 일에 집중하는 것도 바람직하지 않다. 일과 생활에 균형을 잃으면 나중에 회사에서 성공한다 하더라도 인생 전반을 되돌아보면 반드시 후회하게 된다.

넷째, 지나치게 성공과 명예에 대한 집착도 절제해야 한다. 성공만을 얻겠다는 생각을 따로 갖지 않고 그저 열심히 성실하게 살아가는 사람들에게 도리어 빨리 성공이 찾아오는 경우가 많다. 명예를 얻겠다는 속된 욕심을 품지 않고, 그저 자신이 맡은 일을 묵묵히 수행하는 가운데 자기도 모르는 사이에 찾아오는 명예가 가장 값진 명예다.

마지막으로 물질에 절제해야 한다. 물질에 집착하게 되면 사리판단이 흐려지게 되고 모든 일에 초심을 잃게 된다. 집착은 그것이 무엇에 대한 것이든 바람직하지 않다. 처음에 무언가에 대한 소유욕 때문에 물건들을 소유하게 된다면, 강한 욕망이 사라지고 나면 남는 것은 허망한 마음뿐이다. 무엇보다도 인간의 물질적인 욕망을 채울 수 있는 것은 절제하는 마음이 아니고서는 이 세상에 그 무엇도 없다. 모든 일에 절제하며 어느 정도 여유를 가지고 여지를 남기면 그 누구도 시기하지 못하고 해를 입지 않게 될 것이다.

PART 4

術(Skill)
- 행복한 직장 생활의 기술

❶ 행복의 기술

직장의 행복은 현실에 대한
인정으로 시작해 현실에 대한
극복으로 끝난다 대부분의 사람들은 어디서 어떤 형태로
든 직장 생활을 한다. 공부하는 학생 시절과 노년의 시기를 제외
한 평생을 직장 생활을 하는 데 있어 자의적이던 타의적이던 직장
생활을 할 수밖에 없다. 능력 있는 부모를 만나지 않은 이상, 정상
적인 삶을 살아가는 데 있어서 직장 생활을 하고 싶다고 해서 하
고 하기 싫다고 해서 안 할 수 없는 운명을 가지고 있다. 하지만 직
장 생활을 하는 동안 삶의 자세와 방법은 우리가 선택할 수 있으
며 어떤 어려움도 마음먹기에 따라 극복이 가능하다.

살면서 일을 하지 않으면 우리의 삶은 가치를 상실한다. 그러나
영혼 없는 노동을 하면 삶은 무의미해진다. 직장 생활은 회사가 주
는 안정감과 급여, 복지, 사람들과의 소속감 등 일상생활에서 쉽게
얻을 수 없는 감사하고 값진 선물이지만, 넘치는 업무와 반복되는
야근, 경직된 조직 문화 속에서 영혼을 잃을 수가 있다. 그렇기에

직장 생활의 행복은 막연한 환상에서 벗어나 현실에 대한 인정으로 시작해 현실에 대한 극복으로 마무리된다고 볼 수 있다.

거의 모든 직장인에게 있어 직장 생활은 고해 그 자체이다. 이것은 직장 생활의 진리 가운데 가장 위대한 진리다. 그러나 이러한 평범한 진리를 이해하고 자연스럽게 받아들이게 되면 직장 생활은 더 이상 고해가 아니다. 다시 말해 직장 생활이 고통스럽다는 것을 알게 되고, 그래서 이를 이해하고 수용하게 될 때 우리의 직장 생활은 더 이상 고통스럽지 않다. 왜냐하면 비로소 직장 생활의 근본적인 문제에 대해 그 해답을 스스로 내리고 현실적인 해결방안을 찾을 수 있기 때문이다.

현실에 대한 여러 가지 극복방안 중에서 가장 간단한 방법으로 첫째, 지금 몸 담고 있는 직장에서 희망을 찾고 커리어 관리를 통해 성공을 거두는 것이다. 그리고 그 분야의 전문가로 거듭나는 것이다.

둘째, 철저히 준비가 되어 있다면 프랜차이즈나 기존 업무 관련 또는 개인이 좋아하는 일을 하다가 전문성을 높이 쌓아 창업을 하는 것이다. 하지만 분명한 것은 관련 경험이 전혀 없거나 철저한 시장분석이나 사전준비가 부족하다면 실패할 위험성이 매우 크므로 주의해야 한다. 월급쟁이로 사는 것도 힘든 일이지만 자영업자, 좋게 말하면 월급쟁이들을 거느리고 있는 사장도 기분 좋게 배를 두드리면서 편안한 마음으로 회사를 운영하거나 마냥 행복하지만은 않다는 사실이다. 아니 오히려 어떤 면에서는 월급쟁이가 좋은 면도 많다는 것을 알아야 한다.

셋째, 동종업종으로의 이직이나 타업종으로 전직하는 것이다. 지금의 직장에서 나름대로 인정받고 있다면 그곳에서 머물러 있는 것이 좋겠지만 아무리 노력해도 문제의 해결방법을 찾지 못하고 참을 수 없을 정도로 지속적인 스트레스가 가중된다면 떠나서 새로운 환경에 성공적으로 옮겨가는 것도 좋다. 다만 다른 데 가면 좋은 사람들과 근무할 것이라는 막연한 기대는 버리고 명확하고 합리적인 판단을 통해 결정하여야 할 것이다.

직장 생활 현실에 대한 극복을 어떻게 하든지 중요한 건 내 의지로 삶을 사는 것이다. 오늘날 많은 사람들이 행복하지 못한 가장 큰 이유 중 하나가 인생을 전적으로 자신들의 자유의지대로 하지 못하기 때문이다. 하지만 그러면 그럴수록 당신의 삶은 행복의 밑거름이 되지 못할 것이다. 당신은 자유의지를 통한 현실에 대한 극복을 통하여 행복해 질 수 있는 능력을 가지고 있다.

당신의 인생에 대한 모든 것은 당신의 선택에 달려 있다. 행복도 마찬가지이다. '행복해서 웃는 것이 아니라 웃어서 행복한 것이다'란 말을 들어 보았는가? 다소 엉뚱한 말처럼 들리겠지만 이건 엄연한 사실이다. 당신이 웃기로 선택하는 것은 결국 행복해지기로 선택하는 것이다.

| 당신의 운명도 행복도
| 당신의 선택에 의해
| 결정된다   현재 당신의 운명은 과거의 주어진 환경

과 매 순간 당신의 선택에 의한 결과이며, 미래 당신의 운명은 현재

의 환경과 선택들에 의해 결정되어질 것이다. 즉 과거 당신의 땀과

노력이 현재 당신의 명함이 되었으며, 지금 당신의 땀과 노력이 미

래 당신의 노후가 될 것이다. 당신의 운명도 행복도 당신의 선택에

의해 결정되어 진다는 사실이다.

'생각은 행동이 되고 행동은 습관이 되고 습관은 우리의 인성이

되며 인성은 우리의 운명이 된다'라는 말은 우리들에게 지금껏 생

각이 곧 운명이 되니 꿈을 가지고서 열심히 하면 된다는 것을 알

려주는 좋은 글이자 명백한 사실이다.

그렇다. 우리의 삶에서 우연이나 행운이 차지하는 비중도 무시할

수가 없으나, 우연이나 행운에 자신이 통제할 수 있는 영역은 많지

않다. 당신이 믿거나 그렇지 못하거나 당신의 삶에서 당신이 선택하

는 크고 작은 일들은 모두 당신의 삶을 확장하거나 축소하거나 아니

면 그냥 그대로 머물러 있는 것을 보여 준다. 결국 그 모든 것은 자

신의 선택에 달려 있는 것이다. 아침에 몇 시에 출근할 것인지? 어떤

마음 자세로 얼마나 일을 열심히 할 것인지? 어떻게 주변 사람들에

게 마주 대할 것인지? 어떻게 시간을 보낼 것인지? 어떤 길을 선택

할 것인지? 이 모든 것들은 전적으로 당신에게 달려 있는 것이다. 순

간순간의 크고 작은 선택을 통하여 삶을 스스로 만들어 가고 있다

고 생각하면 우리 모두가 기업가 정신을 가지고 주도적으로 살아가는 것이 좋다. 그리고 뒤돌아보면 무엇 하나 우리 삶에서 사소한 것은 없다. 모든 것은 여운이든 흔적이든 임팩트든 남기게 된다.

그러므로 당신이 행복해지고 싶다면 부정적 생각을 없애고 기쁨과 행복을 이끌어내는 긍정적 생각을 통해 긍정적 행동을 이끌어내라. 매일 매일 긍정적인 몸짓, 말, 표정을 반복하다 보면 어느 순간 습관적으로 당신의 삶은 기쁨과 행복에 물들어 불운과 불행이 당신에게 접근하지 못하게 될 것이다. 그리고 어느새 당신의 몸짓, 말, 표정은 당신과 함께 하는 사람들에게 행복한 사람으로 인식된다. 즉 당신의 인성은 긍정적이 된다. 마지막으로 당신의 인성이 어떻게 우리의 운명이 되는지 보자.

유유상종類類相從이란 말이 있다. 긍정적인 사람은 긍정적인 사람을 좋아하게 되어 있고 부정적인 사람은 부정적인 사람을 좋아하게 되어있다. 우리는 본질적으로 긍정적인 사람과 함께 하고 싶고 긍정적인 사람을 가까이 두고 싶어 한다. 그래서 긍정적 사람은 주변에 좋은 사람들이 모이게 되어 있고 이는 운명을 좋은 쪽으로 이끌게 된다.

지금까지 우리는 인간의 본질적 속성인 생각이 행동이 되고 행동이 습관이 되고, 습관은 우리의 인성이 되며 인성은 우리의 운명이 되는 사실을 알게 되었다.

결국 '행복은 나에게 저절로 굴러오는 것이 아니라 내가 본질적으로 소유하고 있는 여러 회로애락과 고통 속에서 행복해질 수 있는 감정을 선택하는 것에서 시작되고 결정되는 것'이다.

| 부정적 행동을
| 긍정적 행동으로
| 전환시키는 방법 　　　　우리는 어떠한 상황에서도 긍정적인 행

동을 만들어 가는 방법을 모른다면 좋지 않은 상황에서는 자연스
럽게 좋지 않은 행동이 나올 것이다. 하지만 지금부터 우리가 어떠
한 상황에서도 긍정적 행동을 취할 수 있는 소중한 비법을 알려
주도록 하겠다. 그래서 이 책이 여러분에게 인생의 행운을 안겨다
주는 귀중한 책이 되는 것이다.

　부정적 행동을 야기하는 원인적 사실에 대해 괴로워하거나 화가
나거나 불쾌하거나 혼란스러운 감정을 극복하기 위한 비결이 있다.
자신에게 인간적인 감정을 허용(Permission)하고 상황을 재구성
(Reconstruction)하고 시간적 거리를 두고 바라보는(Perspective) PRP의
3단계 기법이 바로 그것이다.

　PRP 기법은 일종의 심리 기법으로 의식적인 연습이 필요하다.
처음에 할 때는 어색할 수도 있지만 시간이 지나면서 점차 익숙해
져서 부정적인 원인이나, 불합리한 사실에 대한 행동을 취하기 위
한 마음을 선택하는 데 있어서 긍정적인 마음을 선택할 수 있도록
해 줄 것이다.

　PRP 기법을 생활에 적용하는 예를 하나 들어보자.

상사가 사소한 실수 하나를 가지고 꾸짖는다. 누구나 욕을 들으면 화가 날 것이다. 하지만 PRP 기법을 통해 어떻게 대응하게 되는지 보자.

첫째, 나 자신의 실수를 허락하고 상사의 꾸짖음에 대한 화가 나는 사실을 느끼는 그대로 경험한다. 그런 감정을 느끼는 나 자신에게 질책하지 않고, 상사의 꾸짖음을 그대로 받아들인다.

둘째, 그 상황을 재구성해서 긍정적인 측면에 대해 생각했다. 그 일을 계기로 앞으로 일에 대한 실수를 발생하지 않도록 주의를 좀 더 기울여야 한다는 사실을 깨닫는다.

마지막으로 더 멀리 내다보면 이 일로 인해 일에 대한 완벽함이 좋아질 것이라는 것과 사전에 실수를 발견함으로 인해 일이 성공적으로 이루어졌다는 사실을 상기함으로써 부정적인 사실이 긍정적인 행위로 전환되는 것이다.

만약에 상사가 사소한 실수 하나를 가지고 꾸짖는 데 대해 기분 나빠하고 기분 대로 대응함으로써 상사와 관계가 악화되고 직장 생활까지도 힘들어지게 될 수도 있는 것을 PRP 기법을 통해서 긍정적으로 전환이 가능하게 된 것이다.

다시 한 번 정리하자면 상황을 있는 그대로 인정하고 나서 이성적으로 가장 적절하다고 생각하는 행동 방향을 선택하는 것이다. 두려움을 느끼면서도 용기 있게 행동하고, 질투를 느끼면서도 자애롭게 행동하고, 인간성을 받아들이고 인간애를 발휘하는 것처럼 우리는 매 순간 어떻게 행동할 것인지 선택함으로 인해 자신의 인생을 좋은 방향으로 이끌어 갈 수 있다.

다음은 PRP 기법보다 더욱 간편하고 쉬운 방법이 있는데 '그럼에도 불구하고 나는 행복하고 그래서 나는 행복하다'라는 결론을 이끌어내는 것이다.

부정적인 상황에서는 '그럼에도 불구하고'를 통해 긍정적인 상황으로 전환시키면 되고 긍정적인 상황에서는 '그래서'를 통해 더욱 더 긍정적인 상황으로 만들고 감사하는 마음을 갖게 만드는 것이다. 이것을 당신의 습관으로 만든다면 당신은 어떠한 상황에서도 긍정적 상황을 맞이하게 될 것이고 언제나 행복해질 수 있을 것이다.

하루에도 수백 번, 수천 번씩 바뀌는 감정 앞에서 무너지고 좌절하는 순간 속에서 꿈꾸지 않았던, 상상하지 않았던, 바라지 않았던 좋지 않은 경험 속에서도 늘 당신을 지켜주고 격려해주며 밝게 웃을 수 있게 해주는 것이 바로 '그럼에도 불구하고'이다.

우리는 사소한 일에서 특별한 일까지 수없이 많은 순간순간의 삶이 모여 인생을 이루게 된다. 그래서 사소한 일에서 특별한 일까지 모든 상황을 가지고 '그래서' 행복하다고 생각하면 당신의 인생은 행복으로 가득 차게 된다.

아침에 일어나면 '살아 있어서 행복하다', 밥을 먹으면 '밥을 먹어서 행복하다', 길을 걸을 때도 '걸을 수 있어서 행복하다', 누군가를 만날 때면 '만나서 행복하다', 일을 할 때도 '일해서 행복하다'라고 생각하라. 이렇듯 모든 일상적인 삶에 있어서 '그래서 행복하다'라는 삶을 살아간다면 당신의 모든 인생은 행복으로 가득 차게 된다.

행복은
요리다

　　　　　　행복은 요리다. 맛있는 음식을 만들기
위해서는 여러 가지 양념이 골고루 적당하게 들어가야 한다. 또한
만드는 이의 정성이 들어가고 충분한 시간 노력을 들여야 맛있는
음식이 된다. 그렇듯 우리의 직장 생활 행복도 여러 가지 행복의
요소(건강, 동료, 일, 마음가짐 등)들이 균형적으로 욕심 없이 인내를 가
지고서 노력을 해야지만 행복한 인생이 된다.

　또한 음식을 만드는 데 있어서 좋아하는 사람을 위해 만들 때
더욱 행복하듯이 직장 생활에 있어서도 누군가(이해관계자)의 행복
을 위해 베푸는 삶을 살 때 가장 행복해진다.

구분	맛있는 음식	행복한 직장 생활
구성요소	여러 가지 양념 (마늘, 파, 멸치, 버섯 등)	직장 생활의 구성요소 (건강, 동료, 마음가짐 등)
방법	골고루	균형적인 직장 생활
	적당하게	욕심 없이
	만드는 이의 정성	꿈꾸는 자의 노력
	충분한 시간	충분한 인내
결과	맛있는 음식	행복한 직장 생활
마음가짐	먹는 즐거움과 음식에 대한 감사	누리는 즐거움과 삶에 대한 감사

❷
직장 생활 성공과 행복의 공식

직장 생활의 성공에도
공식이 있다

직장 생활의 행복은 사람에 따라, 시간의 흐름에 따라 변하지만 공통된 요소와 방법, 공식이 존재한다. 우리 인생의 모든 것에 있어서 완벽한 것이란 존재하지는 않지만 거의 절대적으로 직장 생활의 성공은 꿈, 능력, 열의, 사고방식에 의해 결정된다. 꿈은 이루고자 하는 구체적인 목표, 현실적으로 직장인으로서 능력은 혈연, 지연, 학연, 직연이 있으며 열의로는 정신적으로 간절함과 실천적인 노력이 있다. 그리고 사고방식에는 긍정적 사고방식과 부정적 사고방식이 있다.

우리의 직장 생활 성공은 이것들의 조화와 균형에 의해 결정된다. 여기에서 하나 명심해야 할 것은 직장 생활의 성공이 행복을 증진시키는 데 도움이 될 수는 있지만, 직장 생활의 성공이 곧 행복은 아니라는 것이다. 하지만 행복한 직장인은 곧 성공한 직장인이라 할 수 있다.

- 성공의 공식

$$S=[P(p1+p2+p3+p4)×E(e1+e2+e3+e4)×T]/20$$

S(Success): 성공지수

P(Power): 능력

    p1(a Blood relation): 혈연血緣

    p2(a Region relation): 지연地緣

    p3(a University relation): 학연學緣

    p4(a Task competence): 업무역량

E(Enthusiasm): 열의熱意

    e1(Eager): 간절함(마음)

    e2(Effort): 노력(행동)

    e3(Target): 목표(꿈)

    e4(Endurance): 인내(끈기)

T(Thinking): 사고방식(태도)

조건, 천재지변 등 재해나 사고에 대한 변수는 전혀 발생하지 않음.

예를 들어 설명해보자.

홍길동이는 대한민국 수도(지연)의 좋은 집안(혈연)에서 태어나 서울대(학연)를 나와 최고의 역량을 보유하고 있으며 미래에 대한 뚜렷한 목표(꿈)와 간절한 마음으로 인내력(끈기)을 가지고 최선의 노력(행동)을 함에 있어서 늘 모든 일이 잘 될거라는 긍정적인 마음으로 직장 생활을 하였다. 과연 홍길동의 성공지수는 얼마나 될까? 홍길동이의 성공지수는 100이 될 것이다.

$$S(100) = [20(5+5+5+5) \times 15(5+5+5+5) \times 5]/20$$

또한 각각의 성공 요소에 대한 점수는 아래 표와 같다.

능력에 대한 점수

구분	내용	1점	2점	3점	4점	5점
혈연	집안 환경 또는 상사와의 관계	매우 나쁨	나쁨	보통	좋음	매우 좋음
지연	직장의 지역 연고 관계 또는 상사와의 관계	매우 나쁨	나쁨	보통	좋음	매우 좋음
학연	학력 또는 상사와의 관계	매우 나쁨	나쁨	보통	좋음	매우 좋음
업무역량	업무 전문성	매우 나쁨	나쁨	보통	좋음	매우 좋음

열의에 대한 점수

구분	내용	1점	2점	3점	4점	5점
간절함	목표달성 대한 간절한 마음	매우 낮음	낮음	보통	높음	매우 높음
행동	목표달성을 위한 노력	매우 낮음	낮음	보통	높음	매우 높음
목표	목표에 대한 명확한 설정	없음	불명확	보통	명확함	매우 명확함
인내	참고 견디는 마음	매우 낮음	낮음	보통	높음	매우 높음

사고방식에 대한 점수

구분	내용	1점	2점	3점	4점	5점
사고방식	긍정적 사고의 정도	매우 부정적	부정적	보통	긍정적	매우 긍정적

결국 성공지수를 늘리려면 각각의 성공의 요소를 균형 있게 마음가짐을 긍정적으로 가져야 함을 알 수가 있다.

직장 생활의 행복에도 공식이 있다

'도대체 우리는 무엇을 위해 일하는가?'

우리 모두가 명심해야 할 것은 우리는 하나같이 '행복'을 위해 일해야 한다는 것이다.

지금까지 행복에 대한 정의를 내리기 어렵다고 하였듯이 행복에 대한 공식을 만든다는 것도 어렵다. 그렇지만, 개개인의 특성에 맞춘 행복에 대한 맞춤 공식은 있다.

• **직장 생활 행복의 공식**

$$H=[a1(h)+a2(v)+a3(c)+a4(o)+a5(r)] \times A$$

H(Happiness): 직장 생활 행복지수

    a(weigh): 가중치, (a1+a2+a3+a4+a5) = 10

    h(health): 건강

    v(vision): 비전

    c(compensation): 보상(연봉/승진)

    o(organization culture): 조직문화

    r(relation): 동료 관계(대인관계)

    A(Attitude): 삶의 태도(마음가짐)

조건: 행복의 요소의 합, 마음자세 모두 (-)일 때, 행복의 요소와 마음자세의 곱은 (-).

구분		정도	비고
+구간	5	더 없이 좋다	
	4	매우 좋다	
	3	꽤 좋다	
	2	약간 좋다	
	1	나쁘지는 않다	
-구간	-1	조금 나쁘다	
	-2	약간 나쁘다	
	-3	꽤 나쁘다	
	-4	매우 나쁘다	
	-5	더없이 나쁘다	

* 구간 : -5 ~ +5

행복지수

행복지수		정도	비고
+구간	250	더없이 행복하다	황홀하고 환상적인 기분이다
	200	매우 행복하다	정말 기분 좋고 의기양양하다
	150	꽤 행복하다	기분이 고양되어 있으며 좋다
	100	약간 행복하다	기분이 좋으며 활기도 있다
	50	불행하지는 않다	특별히 좋지도 나쁘지도 않다

-구간	-50	조금 불행하다	
	-100	약간 불행하다	
	-150	꽤 불행하다	약간 우울하고 기분이 저조하다
	-200	매우 불행하다	매우 우울하다
	-250	더없이 불행하다	그만두고 싶을 정도로 우울하다

간단히 행복에 대한 공식을 설명하면 행복이란 건강과 비전, 보상(연봉/승진), 조직문화, 동료 관계의 조합에 마음가짐을 곱한 것이다.

마음가짐을 별도로 곱한 이유는 건강, 비전, 보상, 조직문화, 동료 관계가 아무리 좋다 하더라도 나쁜 마음을 먹는 삶을 살아간다면 결국 불행한 삶이 되기 때문이다.

예를 들어 설명해보자. 홍길동이는 삶에 있어서 돈이 가장 소중하다고 생각을 하고 있다.

구분	h(건강)	v(비전)	c(보상)	o(조직문화)	r(동료관계)
가중치	1	1	5	1	2

* 가중치의 합은 10

또한 각각의 행복의 요소에 느끼는 정도는 다음 표와 같다.

건강에 대한 만족도

구분	내용	-5	-4	-3	-2	-1	1	2	3	4	5
육체	더없이 건강하다										○
정신	스트레스가 전혀 없다										○
평균	더없이 건강하고 활기차다										○

비전에 대한 만족도

구분	내용	-5	-4	-3	-2	-1	1	2	3	4	5
직장비전	더없이 좋다										○
개인비전	더없이 좋다										○
평균	더없이 좋다										○

보상(일, 급여, 명예)에 대한 만족도

구분	내용	-5	-4	-3	-2	-1	1	2	3	4	5
일	더없이 즐겁고 좋다										○
급여	더없이 좋다										○
명예	더없이 좋다										○
평균	더없이 좋다										○

조직문화에 대한 만족도

구분	내용	-5	-4	-3	-2	-1	1	2	3	4	5
조직문화	더없이 좋다										○

동료관계(대인관계)에 대한 만족도

구분	내용	-5	-4	-3	-2	-1	1	2	3	4	5
상사	더없이 좋다										○
동료	더없이 좋다										○
부하직원	더없이 좋다										○
평균	더없이 좋다										○

삶의 태도에 대한 정도

구분	내용	부정적 태도					긍정적 태도				
		-5	-4	-3	-2	-1	1	2	3	4	5
사랑	나는 꽤 사랑한다.								○		
기쁨	나는 꽤 기쁨을 누린다								○		
화평	나는 꽤 평화롭게 산다								○		
인내	나는 꽤 인내하며 산다								○		
용서	나는 꽤 용서하며 산다								○		
양선	나는 꽤 착하게 산다								○		
충성	나는 꽤 노력하며 산다								○		
절제	나는 꽤 절제하며 산다								○		
평균	나는 꽤 긍정적이다.								○		

삶의 태도에 대한 구분이 너무 복잡하면 긍정적인 태도 부정적인 태도만으로 간략하게 점수를 계산하여도 상관없다.

홍길동의 행복지수는 150점으로 꽤 행복한 상태이다.

$$150=[1(5)+1(5)+5(5)+1(5)+2(5)]\times(3)$$

만약 홍길동이 자기 인생에 가장 가치 있다고 생각하는 보상(부와 명예)에서 꽤 나쁘다고 느낀다면 홍길동의 행복지수는 30점으로 불행하지 않은 정도에 지나지 않게 된다.

$$30=[1(5)+1(5)+5(-3)+1(5)+2(5)]\times(3)$$

또한 홍길동이 모든 건강, 비전, 보상, 조직문화, 동료 관계에 있어서 더 없이 좋다고 하더라도 마음 자세가 꽤 부정적이라면 홍길동의 인생은 꽤 불행한 상태가 된다.

$$-150=1(5)+1(5)+5(5)+1(5)+2(5)]\times(-3)$$

결국, 행복지수를 늘리려면, 자기가 소중하게 생각하는 요소에 가중치를 많이 주고, 각각의 요소를 균형 있게 높이면서, 마음가짐을 긍정적으로 가져야 함을 알 수가 있다.

PART 5

意(Will)
- 행복한 일터 행복한 삶 속으로

당당하게 행복해지자

| 자신이 꿈꾸는 행복이
| 의미하는 바를
| 알아야 한다

우리들 대부분은 뭔가 달라지기를 바라고 좀 더 행복해지기를 바라면서 많은 시간을 보낸다. '더 좋은 직장' '더 좋은 차' '더 좋은 집'을 갖기를, '더 높은 자리'에 오르기를, 저것만 하면 더 행복할 텐데 하는 꿈을 꾸면서 말이다. 때로는 간절함을 담아 열정을 쏟던 일들이 우리의 인생을 행복하게 만들기도 하지만 어떤 때에는 우리가 갈망하던 바로 그 일들로 인해 인생이 불행하게 느껴지기도 한다. 그러니 무언가를 간절히 원할 때는 지금의 생활과 바꿀 만하거나, 이를 위해 노력할 만한 가치가 있는 것인지 주의를 기울여야 한다. 물론 꿈을 꾸거나 열심히 일하거나 보다 나은 삶을 일구는 것을 당장 멈추라는 것은 절대 아니다. 단지 지금 그대로의 모습으로도 충분히 훌륭할 수 있음을 당신에게 상기시키려는 것이다. 당신이 원하는 삶과 행복을 꼼꼼히 따져보기를 바란다. 그리고 당신의 가슴에서 당신께 말하는 속삭임에 귀

기울이기를 바란다. 당신의 직업과 경력을 고려해볼 때, 앞으로 하고자 하는 것과 함께, 이것이 과연 본인에게 도움이 되는지를 따져보아야 한다. 성공을 거두기 위해 열심히 노력하는 것을 멈추어야만 생활 속에서 만족을 느끼고 행복하게 지낼 수 있는 것은 아니다. 당신의 노력에 따라 행복과 미래를 향한 추진력을 모두 가질 수 있다. 보다 많은 성공을, 보다 많은 성취, 보다 많은 물질을 소유한다는 것은 분명 대단한 일이지만, 이 때문에 개인적 자유나 사생활, 가족과 함께 하는 즐거움 등 우리 삶의 있어 가장 가치 있는 것들을 빼앗길 수 있음을 가슴속에 새겨두기 바란다. 마찬가지로 돈과 명예가 따르는 높은 자리에 오르는 대신 그동안 너무도 당연하게 여겨온 것들을 포기해야 할 수도 있다. 그러니 기억하라! 무언가를 간절히 원할 때에는 좀 더 신중해야 함을 말이다. 무엇보다도 자신이 꿈꾸는 행복이 의미하는 바를 정확히 알아야 할 것이다. 이 모든 준비가 끝났다면 꿈으로만 가지고 있지 말고 당신이 바라는 당신만의 행복을 만들어야 할 때다. 행복은 가만히 있으면 주어지지 않는다.

앞에서 이미 알게 된 행복의 법칙과 비밀코드를 이용하여 최적의 행복을 만들어 볼 수 있을 것이다. 이 책을 통해 알게 된 행복의 법칙과 행복의 비밀코드가 효과가 있을 것이라는 확신과 믿음을 갖게 되었다면, 당신의 삶에 적용시켜야 한다. 실제 당신의 삶에 적용하지 않으면 '행복'은 영원히 당신의 것이 될 수 없을 것이다.

이제 여기서 당신은 당신이 원하는 행복을 그리고 만들 것이다.

당신 자신이 행복의 길로 당당히 걸어갈 수 있게 된 것이다. 이제부터 그동안 그토록 원하던 행복한 삶을 현실로 만들 수 있기를 기대해본다.

아무리 힘들어도 나를 잊지 말자

행복하고 멋지게 사는 사람들은 아무리 힘들어도 자기 자신을 잊지 않고 '현재' 속에서 행복을 창조하고 만들어가는 사람들이며 이들은 자기 인생의 최고의 예술가들이다. 직장 생활을 흔히들 전쟁터라 이야기한다. 사방에 해야 할 일 투성이다. 일상의 자잘하고 사소한 일들을 처리해야 하고 여러 모임에 참석해야 하며 프로젝트들을 진행해야 하고 주위 사람들의 다양한 요구를 들어줘야 한다. 그런 것들에 우리의 소중한 시간과 에너지를 빼앗기다 보면 정작 자신만을 위한 시간을 가질 수가 없게 되고, 심지어는 자신마저 잊고 살게 된다.

잡초가 우거진 정원에 아름다운 꽃이 피기 힘들 듯이, 의무로 가득 찬 삶에서는 기쁨과 행복을 누리기가 어렵다. 이제부터는 당당하게 'No'라고 말하자

적절하게 사용한다면 'No'는 가장 긍정적인 단어가 될 수도 있다. 이는 꽃을 잘 자라도록 정원의 잡초를 솎아내는 것과 같다. 누구나 행복한 직장 생활을 꿈꾸고 원하지만 쉽지가 않다. 이 세상

모든 직장인이 자신의 인생을 원하는 대로 살지 못하는 데에는 다 그만한 이유가 있다. 대부분 타인의 관점에서 행복을 찾기 때문이다. 인생을 살아가는 데 가장 중요한 것은 나를 믿는 것이고 나를 사랑하는 것이고 나에게 확신을 갖는 것이다.

아무리 힘들어도 당신 자신을 잊지 말고 당당하게 행복해진다면, 당신의 삶은 바로 변하기 시작할 것이다. 당신의 삶과 당신의 일을 스스로 주도하면서 전혀 색다른 모험을 경험할 것이다. 분명히 다른 이들에게 사랑 받을 것이고, 일터에서 부딪치는 사소한 일에도 더 이상 신경 쓰지 않게 될 것이다.

지금 이 순간에 충실하자

지금까지 수많은 사람과 수많은 책에서 '현재에 집중하는 것'의 소중함에 대해 이야기하는 것을 한 번쯤은 들었을 것이다. 정말로 지금 이 순간에 집중하는 것이야말로 동서고금을 막론하고 변하지 않는 진리이자 지혜이다. 특히나 직장 생활에 있어서 놀라운 성과를 거둘 수 있다는 사실을 체험하게 될 것이다. 스트레스를 훨씬 덜 받고 조급해하거나 서두르지 않게 될 것이며, 좀 더 효과적으로 일하고, 함께 일하기 편한 사람이 될 것이다. 뿐만 아니라 보다 당신의 일을 즐기게 되고, 다른 사람의 말에도 더 귀 기울이게 될 것이고, 그전에는 간과했던 주변 환경에 대해 좀 더 자세히 볼 수 있게 된다.

내 인생에서 가장 행복한 날은 언제인가? 바로 오늘 이 순간이다. 내 삶에서 가장 절정의 날은 언제인가? 바로 오늘 이 순간이다. 내 인생에서 가장 소중하고 귀한 날은 언제인가? 바로 오늘 이 순간이다. 어제는 이미 지나간 날이므로 어찌할 수 없는 과거일 뿐이고 내일은 아직 다가오지 않은 날이므로 불확실한 미래일 뿐이다. 현재 속에 존재한다는 것은 잡념을 없앤다는 것이다. 그것은 바로 지금 중요한 것에 몰입하고 관심을 쏟는다는 말이다. 우리가 무엇에 관심을 쏟는가에 따라 소중한 선물을 받을 수도 있고 받지 못할 수도 있다. 지나간 것을 붙들고 있으면 앞으로 나아가지 못하고 오늘 주어진 현재의 것을 놓치면 내일의 열매를 기대할 수 없다. 현재에 충실하고 지금 중요한 것이 무엇인지를 분별하여 그것에 몰두하는 것이 당신의 행복을 증진시키는 지름길이다.

그러므로 오늘 하루를 삶의 전부로 느끼며 최선을 다해 옆에 있는 동료와 가족을 위하고 주변 사람들에게 겸손과 나눔으로 서로 사랑하고 배려하면서 오늘을 즐겁게 생활하고 이 순간에 충실하게 보내는 것이 진정한 행복이다.

일하다 마주치는
작은 걸림돌에
의연해지자

직장 생활을 하다 보면 누구나 사소한 문제를 만나게 된다. 당신은 그때마다 화를 낼 수도 있고 짜증을 낼 수도 있고 자신에겐 부당하다고 생각할 수도 있으며, 왜 나만 이런 문제와 부딪치나 하며 우울해 할 수도 있고, 불평을 늘어놓을 수도 있다. 직장 생활 자체가 얼마나 고달픈 것인가를 수 없이 되뇌어 볼 수도 있고, 이런 사소한 문제들에 대해 화내고 짜증 낼 '권리가 있다'거나 '그렇게 하는 것이 좋다'라고 생각할 수도 있다. 하지만 당신 앞에 놓인 사소한 문제들을 자동차 운전 중에 마주치는 과속방지턱쯤으로 생각한다면 삶에 있어 마주치는 문제들에 대해 이전과는 아주 다르게 보일 것이다. 무엇보다도 마음의 여유가 생기고 편안하게 받아들일 수도 있게 된다. 예를 들어 당신이 운전을 하고 있는데 누군가가 끼어들려고 하는 경우, 그냥 그러려니 하고 흘려 보내고 남은 하루를 잘 지내는 것이 아니라 욕부터 하며 분개하는 것이 좋을 것인가? 아니면 대수롭게 않게 그냥 내버려 두고 그 사람을 불쌍하게 여기며 가던 길을 즐겁게 가는 것이 좋을 것인가? 아마도 그냥 지나치는 것이 당신의 삶에 있어 보다 유익할 것이다. 한 걸음 더 나아가 끼어들려고 하는 차량에 양보를 한다면 당신은 스스로에게 뿌듯함마저 느끼게 되는 기쁨을 만끽할 수도 있다. 일상에는 이와 비슷한 사소하면서도 짜증스러운 일들이 얼마든지 있다. 줄을 서서 기다리거나 얼토당토않은 비난을 듣거나,

꺼림칙한 일을 하게 되더라도 사소한 것들을 신경 쓰지 않는 방법을 깨닫는다면 그에 따르는 보상은 엄청날 것이다. 그러나 너무도 많은 사람들이 사소한 일에 전전긍긍하느라 에너지를 낭비하고 인생의 즐거움과 기쁨을 놓치고 살아간다.

지금부터라도 일하다 마주치는 작은 걸림돌에 의연해지자. 하루에도 몇 번씩 생기는 사소한 문제들을 보며 '그래, 문제가 또 하나 있네' 하고 가볍게 넘길 수 있게 됨으로써 충격이 완화될 뿐만 아니라 이런 상황이 별 것 아니라는 것을 알게 된다. 침착하게 어떻게 대응해야 할지 결정할 수 있고 그 결정은 당신이 걸림돌을 디딤돌로 삼을 수 있게 만들 것이다. 놀랍게도 좀 더 강해지고 더욱 친절하고 유연해진 멋진 자신을 발견하게 될 것이다.

자신의 어깨를
다독여 주어라

직장 생활을 해가는 데 있어서 우리는 많은 우여곡절과 희로애락을 경험한다. 뜻하지 않는 실패를 경험했을 때 내면에서 두 가지 소리가 올라온다. 하나는 '괜찮아'라는 자기 위로다. 다른 하나는 '그럴 줄 알았다'는 자기 비난이다. 똑같은 상황에서 자기 위로를 하는 사람이 있는가 하면, 어떤 이는 가혹하게 자기 비난을 한다. 자기 비난이 강한 사람들은 스스로를 더 불안하고 불행하게 할 뿐만 아니라, 극단적인 선택을 하기 쉽다. 우리는 회사를 그만두는 그 날까지 모든 것은 진행형이다. 비록 일하다가 실수를 하였더라도 일에 실패했더라도 '괜찮아, 잘했어! 그만큼 했으면 됐어. 다음에 더 잘하면 돼'라고 말하라. 아무리 힘들고 어려운 상황에서도 꿋꿋하게 나름 최선을 다하며 여기까지 오지 않았느냐고 자신의 어깨를 다독이며 위로해 주라. 물론 직장 생활을 하다가 실수하거나 실패하게 되면 동료의 격려와 보살핌도, 상사의 따뜻한 위안도 필요하지만, 언제 어디서나 함께하는 사람은 바로 나 자신 뿐임을 잊지 말자. 매일 아침에 일어나자마자 "오늘 하루도 좋은 날, 힘내자"라고 매일 자신의 눈을 바라보며 말하는 것으로 시작한다면 당신의 삶은 몰라보게 달라지게 될 것이고 행복해질 것이다. 당신은 이 세상에 단 하나뿐인 너무도 소중하고 귀한 존재다. 당신에게는 아직 한 번도 표출되지 않은 엄청난 잠재력과 재능이 꿈틀거린다. 어깨를 활짝 펴고 하늘을 바라보자.

남에 대한 배려도 칭찬도 필요하지만 나 자신에 대한 칭찬과 위로도 매우 중요하다. 또한 당신이 뭔가를 해냈을 때는 스스로에게 상을 주라. 정말 힘들고 어려울 때도 스스로에게 상을 주라. 스스로를 격려하면서 한 박자 쉬어 가는 것도 좋다. 힘들고 지칠 때마다, 나 자신이 약해 보일 때마다, 당장 포기하고 싶을 때마다, 나 자신의 장점을 떠올리며 스스로 자신감을 불어넣어 스스로를 지탱하는 힘을 키워라. 자신감이란 누가 인정해줘서 생기는 것이 아니다. 나무에 물을 주듯, 스스로 격려와 위로를 통하여 생기는 것이다. 마음이 꼬이면 내 주변의 모든 것들이 꼬이기 시작한다. 왜냐하면 세상 모든 일은 내 마음이 투영된 것이기 때문이다. 내 마음의 상태, 의식 수준이 내 밖의 환경까지도 결정하는 것이다. 어떤 일로 기분이 좋고 마음이 열려있을 때는 무엇을 하든 생각보다 잘 되고 무슨 일이든 술술 풀리기 마련이다. 반대로 마음이 짓눌려 있으면 가는 곳마다 이상하게도 되는 일이 없고 잘 되던 일도 그날 따라 엉뚱하게 돼버리곤 한다.

그러므로 일을 할 때 뭔가 잘 풀리지 않는다면 먼저 스스로 자신의 어깨를 다독이며 마음을 고요히 하고 따뜻하게 풀어준 뒤에 새로운 일을 시작해야 한다. 마음이 안정되고 평온한 상태에서는 모든 것이 순조롭게 풀려 갈 것이다.

상사나 부하나
모두 같은 인간이다

인생과 직장을 힘들게도 만들어 주고 행복하게도 해 주는 상사와 동료, 부하 직원 문제는 내가 이들을 마음대로 고를 수도 없고 멀리할 수도 없다는 것이다. 하지만 절대적으로 명확한 건 이들도 나와 같은 인간이라는 것이다. 때로는 외롭기도 하고 때로는 까닭 없는 짜증을 내기도 한다. 때로는 물욕에 눈이 어두워지기도 하고 명예와 성공을 위해 이기적으로 행동하기도 한다. 때로는 술 한 잔에 횡설수설하기도 하고 때로는 중요한 일에 큰 실수를 하기도 한다. 인간이기에 그러는 것이다. 그것을 인정하고 그대로 받아들이는 아량이 필요하다. 당신이 상사나 동료, 부하 직원을 사람 자체로서가 아니라 그의 직무로 대하는 것은 어쩔 수 없는 일이다.

즉 대부분의 직장인이 사람 자체가 아닌, 직장인으로만 보려고 한다. 그 사람은 자신이 가진 능력 중 한 가지를 이용해 회사에 다니고 있고 맡은 직무가 그 사람의 삶의 한 부분일 뿐인데도 말이다. 어찌 되었든 우리는 이 사실을 전혀 인식하지 못한다. 직장 상사든 동료든 부하 직원이든 내가 섭섭해 하는 것은 그들도 섭섭해 하고 내가 좋아하는 것은 그들 역시 좋아하기 마련이다. 그래서 사소한 일에도 인간적인 감사함을 표시하는 것이 중요하다. 예를 들어 상사이기 때문에 당연히 밥값을 내야 하고 수고했다고 격려의 말을 해야 하는 것이 아니다. 또 부하이기 때문에 당연히 욕을 먹어야 하고 듣기 싫은 이야기를 들어야 하는 것도 아니다.

직장 생활도 주고받음이고 인간관계다. 누군가를 대할 때 그를 먼저 직무관계가 아닌 한 인간으로 바라본다면 상대방이 먼저 당신의 사려 깊은 생각을 느끼게 된다. 다시 말해, 당신이 한 인간으로 바라본 그 사람도 당신을 달리 보게 되는 것이다. 그래서 그들은 누구보다 당신을 더 소중히 대하고 당신의 말에 귀 기울이며 다른 사람은 기대할 수 없는 혜택을 누리게 해준다. 직무를 넘어서 그 사람 자체를 볼 수 있게 되면 당신은 훨씬 더 값지고 풍요로워지고 보다 진실한 관계가 될 것이다. 또한 사람들은 당신을 좋아하고 신뢰하게 되어 당신을 도울 수 있다면, 가능한 기쁜 마음으로

도우려 들것이다. 결국 당신의 직장 생활도 전보다 훨씬 즐겁고 보다 더 풍요롭고 행복하게 된다.

중심을
잃지 말자

지금 이 책을 읽고 있는 당신은 행복한 삶을 살고 있는 것이다. 행복은 언제 어디에나 있다. 지금 당신의 모습 자체가 행복이라는 사실을 깨달아야 할 것이다. 살다 보면 원치 않게 일이 꼬이는 경우가 있다. 그럴 때일수록 중심을 잃지 말아야 한다. 조용히 마음과 생각과 몸의 중심을 잡고 있어야 한다. 태풍이든 바람이든 머물지 않고 반드시 지나가기 마련이다. '이 또한 지나가리라'는 말도 있지 않은가?

자신의 중심은 건설적인 생각과 만족하는 마음 그리고 비교하지 않은 삶의 자세에서 생겨난다. 이 모두는 대부분의 사람들이 갖고자 열망하는 것이기도 하다. 사실 모든 성공과 행복이 여기에서 출발한다고 해도 과언이 아니다. 살아온 날들을 되돌아보라. 복잡한 문제와 실패 그리고 치명적인 실수들은 거의 모두가 자신의 중심을 잃고 흔들렸을 때 생긴다. 대지를 뒤흔드는 태풍이라 할지라도 태풍의 눈은 안정적이고 고요하듯 모든 것의 중심은 안정적이고 고요하다. 우리는 중심을 지킬 때 자신이 충만하고 목표가 확고하며 최상의 컨디션임을 느끼게 된다. 반면에 중심을 잃으면 두렵고 산만하고 허둥대고 안절부절 못 하고 여러 가지 스트레스에 시달리게 된다. 중심을 잃지 않는 것이 그다지 어려운 일은 아니다. 자신의 감정에 충실하고 마음이 길을 잃었을 때 마음을 비우고 초심으로 돌아가 부드럽게 길을 일러주면 된다. 중심을 잃고 혼란과 스트레스 속에 빠지게 되면, 머릿속을 가득 채운 불안과 생각 속에서 허우적대며 조급해하고 초조해하고 심지어 화를 내게 된다. 하지만 중심을 잃지 않으면 모든 상황과 가능성을 당신에게 유리하게 끌고 갈 수 있을 뿐 아니라, 당신의 목적을 이루기 위해 가능한 모든 것을 할 수 있다. 또한 당신이 중심을 잡고 집중하기에 짧은 시간에 보다 더 많은 일을 더 잘 해낼 수 있다. 자신이 중심을 잡지 못하고 감정이나 주변 환경에 조절 당한 채 움직인다면 내 삶이 아니라 감정에 의한 삶, 타인의 삶이 될 것이다. 내가 중심을 잡고 내 육신과 영혼의 주인이 되어야만 한 치 앞도 알 수 없는 인생의 여정에서 진정한 내 삶을 당당하게 살아갈 수 있을 뿐만 아니라, 언제 어디에나 있는 행복을 당신의 것으로 만들 수 있다. 중심을 잃지 말자. 당신이 지금 무엇을 하고 있던지, 어떤 곤란을 겪고 있던지, 그것이 당신이 살고자 하는 모습으로 가고 있는 것이라면 된다. 그렇게 묵묵히 가다 보면 그곳에, 혹은 그곳과 가까운 곳에 가 있을 것이다.

모든 순간순간이 최선의
선택이었다는 사실을
인정하자

행복한 직장 생활에 대한 정답은 없다. 다만 누구나 매 순간 자신에게 가장 최선의 선택을 해나가며 살아가는 것뿐이다. 세상은 제 갈 길을 가고, 사람들도 또 저마다 자기 삶을 살아갈 뿐이다. 직장 생활의 성공이든 실패든 또는 행복이든 불행이든 내 직장 생활은 전적으로 내 책임이다. 그렇기에 '자기 결정권' 또는 '자유의지'를 적극적으로 행사해 기쁨과 자부심을 느끼는 직장 생활을 하는 것이 최고의 직장 생활이라 할 수 있다. 대부분의 사람들은 모든 책임은 자신에게 있다는 말을 들으면 상당히 거부감을 보인다. 하지만 이를 받아들이고 적극적으로 살아간다면 당신의 인생은 보다 좋은 방향으로 흘러갈 것이다. 그렇기 때문에 당신의 직장 생활과 그에 수반되는 좋고 나쁜 모든 일들을 선택한 사람은 바로 자신이라는 것을 인정해야 한다. 여러 가지 문제들과 장애요인, 오랜 직장 생활 동안 당신이 겪어야 하는 희생과 그밖의 당신이 지금 하고 있는 모든 일은 결국 당신이 선택한 것이라는 사실을 인정해야 한다. 그러면 대부분은 이렇게 말할 것이다. "그런데요, 제가 지금 하고 있는 이 일은 선택이 아니라 의무인데요? 제가 선택한 것이 아닐뿐더러 선택권도 없는데 어째서 내가 선택한 것이라고 하나요?" 물론 현재의 상황이 충분히 당신에게 그렇게 보일 수 있다. 하지만 가만히 생각해보면 이 모든 것이 당신의 선택이었음을 깨닫게 될 것이다. 그렇다고 해서 당면한 모든 문제가 전적으로 당신의 책임이라거나 현실적으로 다른 선택을 해야한다는 말이 아니라, 당신이 현재 이 일을 하기까지 모든 것들이 결국은 당신이 가장 나은 선택이라고 결정을 내린 결과로 발생하였으며 그로 인해 그 일을 하고 있다는 것이다. 그렇기에 더 이상 부인하려 애쓰지 말고 주어진 일이나 환경에 대해 긍정적으로 받아들여라. '당신 인생의 주인공은 바로 당신'이라는 생각을 언제 어디서나 명심하라. 그렇다면 당신의 인생이 보다 긍정적이고 행복하게 될 것이다. 결국 당신 스스로도 놀라울 정도로 성공적인 삶의 결과를 가져올 것이다.

힘들면 쉬었다 가고
급할수록 돌아가자

대부분의 사람들에게는 두 가지 속도만 존재하는 듯하다. 빠른 것과 좀 더 빠른 것이 그것이다. 우리는 항상 무엇을 하던지 항상 서두르고, 서너 가지 일들을 한꺼번에 하려고 한다. 그래서 정신은 산만하고, 너무 바쁘기만 하다. 그럴수록 우리의 소중한 삶을 낭비하고 실수를 거듭하게 된다. 너무 빨리 움직이고 있기 때문에 스트레스에 시달리고 과민해지며 흥분하기도 쉽다.

'급할수록 돌아가라'는 속담처럼 바쁠수록 잠시 멈추고 힘들수록 지친 마음을 돌볼 수 있는 여유를 가진다면 우리의 인생은 보다 윤택해질 것이다. 많은 사람들은 힘들고 고통스러운 상황에서도 멈추는 것을 두려워한다. 끊기는 것 같고 뒤처지는 것 같고 늦어지는 것 같아서이다. 사실은 우리 삶은 정반대인데도 대부분의 사람들은 그렇게 생각하고 살아간다. 자동차도 기름이 모두 떨어지기 전에, 고장이 나기 전에 멈춰 서야 한다. 멈추지 않고 계속 달리기만 하면 강제로 서버리게 되어 사고가 나거나 치명적인 상황에 직면할 수도 있다. 사람도 마찬가지이다. 조금이라도 힘과 에너지가 남아 있을 때 멈추어 쉬어야 더 큰 힘으로 다시 일어설 수 있다. 그래야 더 멀리, 더 오래도록 갈 수가 있는 법이다. 우리가 직장 생활을 해나가는 동안 즐겁고 기쁜 일을 만나게 되면 가슴 뿌듯한 행복을 느끼게 된다. 일을 하다가도 눈에 보이는 모든 것에게서도 늘 새로움의 생동감을 얻기도 한다. 그러나 날마다 즐거움을 만날 수 없고 눈에 보이는 모든 것들이 다 생동감 넘치는 행복일 수는 없다. 순탄한 길이 어디 있던가? 생활하다 보면 때론 미치도록 힘들어 눈물을 흘릴 때도 있는 법이다. 힘들 땐 잠시 쉬었다 가자. 잠시 쉬면서 몸과 마음을 추스리고 나면 웅크리고 닫힌 마음은 크게 열리고 생각지도 않았던 새로운 희망의 길이 보일 것이다. 우리의 삶은 쉼이다. 가끔은 지금 그 자리에 앉아 쉬며 지나온 과정을 돌아볼 필요가 있다. 일하는 데 필요한 휴식은 각자의 취향이나 역량에 따라 모두 다르지만 자신을 위한 얼마간의 휴식이 지친 몸과 마음을 어루만지는 자양분이 된다는 사실만은 분명하다. 당신이 잠시 휴식을 취한다 해서 일이 어긋나거나 크게 지연되지는 않는다. 힘들면 쉬었다 가고 급할수록 돌아가자. 그렇게 한다면 더욱 열정적으로 집중해서 준비된 자세로 다시 일에 임할 수 있게 될 것이고, 언제나 새로운 마음으로 일에 집중할 수 있어 보다 더 즐겁고 행복하게 일하게 되어 좋은 결과를 가져오게 될 것이다.

❷ 당신 자신을 믿고 하늘에 맡겨라

盡人事待天命

　　　　　　　아무리 멋진 행복의 목표를 설정하고 계획을 세워 매일 매일 소중한 시간을 적절히 안배해 가면서 오늘, 내일을 조율해 가면서 최선을 다하는 삶을 살더라도, 예상하지 못했던 인생의 폭풍우로 인해 고난과 힘든 삶을 겪게 되는 일이 발생하기도 한다. 삶이란 그런 것이다. 결국 결과에 대해서만은 100% 통제할 수 없는 것이며 목표달성을 위해서는 시작 전 머리로 기획하는 것이 아니라 이를 악 물고 근성과 인내로 마침표를 찍는 것이다.

　직장 생활에 성공한 사람과 실패한 사람은 종이 한 장 차이도 안 난다. 어떤 사람은 열심히 일하였지만 승진에서 누락되고 어떤 사람은 설렁설렁 한 것 같은데 쉽게 쉽게 승진을 거듭하기도 한다. 누구 보다도 승진 될 거라 생각했던 사람이 누락되고 저 사람은 도저히 승진할 수 없다고 생각했던 사람이 승진을 하는 것도 많이 봤을 것이다. 사람의 노력, 능력도 물론 중요하지만 열심히 한 사람은 거의 승진하고 열심히 안 한 사람은 거의 승진을 못 하는 것이 당연하다고 생각할 수도 있지만 승진이나 직장 생활의 성패는 이 것만으로 좌우되지 않는다. 승진해야 할 순간에 승진해야 할 이유로 승진하는 것일 뿐이다. 따라서 고속 승진한다고 잘난 체할 것도, 승진에 누락되었다고 기분 나빠하거나 기죽을 필요도 없다. 기쁨과 반성은 필요하지만 자만과 자책은 전혀 필요하지 않다.

과연 이 하늘 아래서 100% 모든 변수를 다 예측하고 머리로 기획한 그대로의 행복을 실현시킬 수 있는 사람이 몇이나 될까?

그렇다 할지라도 언제나 당신의 행복에 대한 목표와 삶의 계획들을 계속해서 펼쳐보고 업데이트 시켜나가야 한다. 어쩌겠는가? 스스로 마음을 굳게 먹고 더욱 눈을 크게 뜨고, 숨을 크게 들이켜야 한다.

승진을 빨리 하고 안 하고는 누가 좀 더 먼저 가느냐의 문제일 뿐이다. 그리고 직장 생활은 먼저 가느냐로 승부를 가리는 게임이 아니다. 직장 생활에 있어 중요한 것은 그 길을 얼마나 충실하게 걸어갔는가에 있다. 먼저 간 사람이라고 직장 생활에 성공하는 것도 아니고 늦게 간 사람이라고 실패하는 것도 아니다. 먼저 승진한 사람은 먼저 퇴사해야 하는 것으로 고민하고, 늦게 승진하는 사람은 빨리 퇴사하더라도 빨리 승진하지 못한 것을 걱정한다. 그렇기 때문에 지금 직장 생활을 하는 우리가 할 일은 하나다. 그저 최선을 다해 열심히 살고 결과를 참고 기다리고, 어떠한 결과라도 겸허히 받아들이는 것이다. 최선을 다하지 않고 좋은 결과만을 기다리는 것은 '요행'이다. 최선을 다했다고 좋은 결과가 있어야 한다고 믿는 '어리석음', 최선을 다했으니 좋은 결과가 당연하다는 '자만심'은 버려야 한다.

일단 나에게 주어진 일에 최선을 다하고 나서 하늘의 뜻을 기다린다는 뜻의 진인사대천명盡人事待天命이란 말이 있듯이 일은 꾸미는 것은 사람이지만 일을 성공시키는 것은 하늘의 뜻이다.

하지만 확실한 건 당신이 행복한 삶을 찾고, 행복한 삶을 계획하고 만들어 가는 과정 하나하나가 당신의 삶을 행복으로 가득 차게 해줄 것이며 당신의 행복을 가로 막는 인생의 갖가지 폭풍우와 위험들을 겸허하게 받아들이고 극복해 나가는 삶 자체가 행복이라는 것을 명심하라.

| 무조건
| 믿어라

'자신을 무조건 믿어라.' 세상에서 가장 단순하면서도 가장 무섭고 힘든 것이 자신을 믿는 것이다. '내 꿈은 이것이다' '나는 할 수 있다' '나는 원하는 행복한 삶을 살아갈 것이다'라고 생각하라. 이렇게 자신을 정말 확신하여 믿을 때는 반대하는 사람, 비난하는 사람, 방해하는 사람, 시기하고 질투하는 사람들이 있고 여러 가지 변수가 생기고 힘든 일들이 생길 것이다. 하지만 신기한 것은 자신에 대한 믿음을 가지고 한발 한발 나아갈

때마다 우주는 신기하게 자신을 믿는 용감한 사람의 편이 되어 돕게 된다. 그리고 어떤 목표를 향해 나아간다면 비록 그 목표가 실패한다 해도 그 근처까지 도달하게 된다. 실패를 하던 성공을 하던 전보다 훨씬 성숙하고 발전된 자신의 모습을 보게 될 것이다.

이 책을 쓰고 있는 필자도 처음에는 '그냥 해보자'라는 마음으로 목표를 정하고 목표를 향해 나아갔다. 그것이 현재 나의 모습이 될 것이라고 생각한 그대로 이루어졌다. 정말 주변 사람들에게 '현실적이지 못한 사람'이란 말을 들으면서도 바보 같이 믿었던 것 같다. 다른 길로 가고 싶지도 않고 그저 이 길이 좋아서 한눈 안 팔고 마음 먹은 대로 포기하지 않고 밀고 나갔다. '내일 죽어도 좋다'라는 마음으로 매일을 살려고 노력했다. 작가가 된다는 것과 '당연히 될 것이다'라고 믿고 생활하였다. 그러다 보니 결국 내가 꿈에도 원하던 작가가 되었다. 나는 다시 나를 믿는다. 성경책처럼 모든 가정에 행복 바이블이 될 책을 반드시 쓸 것이라는 것을. 이 책을 읽고 있는 당신을 포함하여, 세상의 모든 사람들도 자신이 원하는 목표를 세우고 반드시 이루어질 거란 믿음을 가지고서 끊임없이 노력한다면 못할 것이 없다.

세상의 모든 일은 자기 자신으로부터 출발하는 것이다. 당신 스스로가 당신을 믿지 못한다면 아무도 당신을 믿지 않을 것이다. 당신 스스로를 믿음으로서 생긴 용기는 당신을 발전시키고 행복으로 이끈다.

우리의 생각과 믿음은 우리의 성공과 행복에 막대한 영향력을 발휘한다. 우리가 원하는 성공과 행복이 꼭 노력한 대로 이루어지는 것은 아니나, 우리가 기대한 것 이상으로 얻기 어렵다는 사실만큼은 틀림이 없다.

이 책을 통해 알게 된 행복의 법칙들을 잘 이해하고 행복의 기술을 활용하여 계속해서 과거를 정리하고 미래를 계획하고 행동하고, 다시 과거를 정리하고 미래를 계획하고 행동하는 것을 지속적으로 반복하면서 당신이 원하는 삶이 이루어질 것이라고 믿는다면 믿는 그대로 될 것이다. 즉, 당신이 믿는 그대로 행복한 삶이 이루어질 것이다.

"인생은 스스로 이루어지는 예언"이란 말이 있듯이 행복은 행복을 만들기 위해 노력하고 행복이 이루어진다고 믿는 대로 이루어진다.

어떤 상황에서도 행복하게 될 거라고 믿고 스스로를 가장 행복한 사람이라고 믿어라. 누군가 또는 그 무엇이 당신의 기분을 건드려 행복한 마음이 사라지게 만들지도 모른다. 하지만 당신이 행복하기로 선택하고 행복하다고 믿는다면 그 누구 또는 그 무엇도 당신의 행복을 막을 수는 없다.

당신은 행복한 삶을 살고 좋은 태도를 유지하기로 선택해야 한다. 잊지마라. 행복은 당신의 마음 먹기에 달려있다. 당신이 행복하기로 믿는 순간이 바로 당신의 행복은 이루어지기 시작하는 순간이다.

3

처음을 기억하고 감사하자

| 감사하는
| 마음

　　　　　　　　살다 보면 행복을 향해 100% 의지를 갖고 끝까지 최선을 다했음에도 불구하고 주어진 결과가 자신의 기대에 못 미칠 수도 있으며 이런 상황들은 당신이 그것을 어떻게 '해석'하느냐에 따라서 매우 중요한 차이를 만든다. 주어진 결과를 항상 '감사하는 마음으로 해석' 하는 것이 곧 행복의 완성이라 할 수 있다.

　일을 함에 있어서 감사하는 마음을 가지는 것만으로도 일 자체가 즐거워지고 행복해진다. 감사함은 먼 곳에 있지 않다. 바로 당신 주위에 널리고 널려 있다. 일할 수 있는 직장이 있어서 감사하고, 함께 할 수 있는 동료가 있어서 감사하고, 일 할 수 있는 건강한 몸이 있어서 감사하고 …. 세상에 감사할 것은 많다. 하지만 감사하는 마음으로 사는 사람은 많지 않다. 나에게 주어진 것에 만족하며 감사할 줄 모르면 마치 바닷물을 마시는 것과 같다. 아무리 마셔도 갈증은 해소되지 않고 끝없는 탐욕에 사로잡혀 결국 스스로 자신을 고통 속으로 밀어 넣게 된다. 그러나 감사하는 마음이 그저 쉽게 나오는 것은 아니다. 인간은 대부분 감사하게 여겨야 할 것을 당연하게 생각하는 경향이 있다. 그렇기 때문에 아주 사소한 것부터 구체적으로 주의를 기울여 감사하는 마음을 일깨우는 것을 습관화 하여야 할 것이다. 감사는 이미 가진 것에 대해 만족하고 행복을 느끼는 감정이기 때문에 감사하면 할수록 감사할 일이 더욱 많아지고 마음에 평화가 찾아오는 것이다. 사소한 것에 일회일비하며 감사함을 모르고 매사에 부정적이면 모든 일이 짜증스럽고 신경이 예민해지기 때문에 잠재 능력의 힘을 제대로 발휘할 수 없다. 감사에도 훈련이 필요하다. 잠재 능력이 스스로 할 수 있도록 습관을 들이는 것이 가장 중요하다. 우선 자신의 몸을 머리부터 발끝까지 훑으며 감사히 여길 만한 것을 찾아보자. 그리고 주위를 한 번 둘러보고 아무리 사소한 것이라도 좋으니 감사하게 여길 만한 것을 찾아보자. 지금 바로 찾아보자.

조금만 신경을 써서 주위를 본다면, 지금 당신의 주변을 둘러싸고 있는 모든 것이, 살아 있다는 그 이유 하나만으로도 감사해야 할 것들로 가득 차 있다.

감사의 기도로서
하루를 시작하고
하루를 마감하자

　　　　　　　　하루가 모여 1년이 되고 하루를 사는 일
이 한 생을 이룬다. 누구에게나 주어지는 하루이지만 어떻게 하루
를 시작하고 마무리하는지는 각자의 몫이다. 매일 아침 힘껏 기지
개를 켜고 일어나서는 살아 있음에 감사하며, 그날 하루를 위한
'감사의 기도'를 올려보라. 마음속으로 가족을 생각하며 한 사람
한 사람 오늘 하루도 건강하고 행복하게 지내기를 기원해보라. 그
리고 일터에서 하루종일 같이 일할 동료 직원들에게도 나의 인생
파트너로서 고마움을 표시해보자. 거울을 보며 웃음을 지으며 하
루 동안 웃고 지낼 것을 스스로 약속해보자. 마지막으로 나의 인
생목표를 한번 떠올려보며 난 할 수 있다는 각오를 되새기며 미래
의 행복한 나의 삶의 모습을 그려보며 입가에 미소를 머금어 보면
서 행복한 마음으로 활기차게 출근길을 나서보라.

　저녁에 퇴근해서 매일 밤 잠들기 전에 다시 한 번 감사의 기도로
서 하루를 마감해보자. 먼저 오늘 하루를 되새겨 보며 무사하게
지낼 수 있도록 해주어서 감사하다고 기도하고, 부족했던 부분이
있었더라면 더욱 분발할 수 있도록 해달라고 요청한다. 물론 종교
적인 기도라는 의미를 떠나서 매일 매일 하루를 시작하고 하루를
마감할 때마다 '감사의 기도'를 올려 보라. 하루종일 기분 좋게 일
을 할 수가 있으며, 누군가가 곁에서 본인을 도와준다는 느낌이 들
고 그런 기분으로 일을 하다 보면 하루를 즐겁게 보낼 수가 있다.

또한 행복하고 편안한 마음으로 단잠에 빠질 수 있을 것이다.

아름다운 마무리

지금까지의 내용을 읽으면서 이미 눈치 챘겠지만 일상의 태도와 행동을 조금씩 바꿔나가는 것만으로도 누구나 자신에게 주어진 삶의 질은 높일 수 있다는 것을 알게 되었을 것이다. 인생에 있어서 행복의 아름다운 마무리는 매일 매일 최선을 다해서 열심히 살아가는 것이며, 삶에 대해 감사하는 것이다. 당신이 어제의 그 누군가가 간절히 원했던 또 다른 하루를 맞이한다는 것은 세상을 먼저 떠난 이들이 더 이상 맞이할 수 없는 멋들어진 선물을 매일 매일 받고 있는 것이다. 당신이 태어나고 싶어서 태어난 것이 아니듯이 죽음도 당신의 마음대로 할 수 있는 것이 아니다. 당신은 매일 아침 눈을 뜨면서 살아있다는 것에 감사하고, 하루가 담긴 선물꾸러미를 기쁘게 받아들이고, 삶의 즐거움과 행복을 느끼기만 하면 된다. 당신이 남보다 얼마나 더 많이 가졌는지를 생각하는 것보다, 삶이 얼마만큼 남았는지 생각하는 것보다는 주어진 삶에 대한 감사의 마음이 인생의 가치와 행복을 더해 준다.

당신에게 주어진 주위의 모든 존재와 맛있는 공기, 맛있는 물, 따사로운 햇살에 감사하는 마음을 가져 보자. 아름다운 마무리는 처음의 마음으로 돌아가는 것이다. 일의 과정에서 잃어버린 초심을 회복하는 것이다. 또한 아름다운 마무리는 내려놓음과 비움이다. 내려놓음과 비움은 세상의 성공과 실패를 뛰어넘어 자신을 순수 존재로 이끈다. 그리하여 그 내려놓음과 비움이 가져다주는 충만함으로 자신을 채운다.

명심하라, 행복은 당신의 당신에 의한 당신을 위한 것이다. 행복을 누리는 삶을 최우선 순위로 두는 것을 잊지 마라. 행복한 삶은 스스로 창조하는 것이다.

이 책에 실린 행복의 참된 가치와 자신의 행복을 키울 수 있는 법칙과 방법들을 이해하고 터득하였으리라 확신한다.

이제 앞으로의 인생에 있어서 중요한 한 축을 이루고 있는 직장 생활을 어떻게 만들어갈지에 대한 모든 결과는 바로 당신 자신의 선택에 달려 있다.

지금부터 가장 위대하고 아름답고 찬란히 빛나는 자신만의 행복한 삶 속으로의 여행을 떠나보자!

이 또한 지나가리라,
전 직장인이 행복한 새로운 내일은 꼭 오리라

전 직장인의 행복시대를 향한 '행복경영'의 시대는 이미 시작되었습니다. 필자가 우리 직장인들의 행복한 삶을 위한 간절한 열망으로 이 책을 준비하고 있을 때도 이미 각 분야별로 많은 훌륭하신 분들께서도 직장인의 행복을 위해 노력하고 있을 것이라고 생각합니다.

이 책을 한 구절로 정의한다면 '대한민국 모든 직장인들의 행복시대를 여는 미래로 가는 긍정적 나침반'이라고 할 수 있습니다. 그야말로 전 직장인들이 행복한 삶을 추구할 수 있도록, 직장인들의 삶에 직·간접적인 영향을 미치는 요소들에 있어 직장인들의 행복을 높일 수 있는 현실적인 방향을 다루고 있기 때문입니다.

놀고 싶을 때 눈치 보지 않고 원하는 대로 놀 수 있는 직장, 어떠한 급하고 특별한 일이 있던지 관계없이 야근을 전혀 하지 않는 직장, 일 년에 두세 달씩 유급휴가를 주는 직장, 성과를 내지 않아도 책임을 묻지 않는 직장, 무조건 편하게 즐기면서 일할 수 있는 직장, 그럼에도 불구하고 때가 되면 승진이 되고 월급도 꼬박꼬박 나오는 직장. 직장인들이 진정으로 원하는 행복한 직장이란 이와 같은 모습이 아닙니다.

많은 직장인들과 삶을 같이 하면서 느끼고 얻은 우리 직장인들의 행복한 직장은 자신의 능력을 발휘할 수 있는 기회가 공정하게 주어지는 곳, 동료들 간에 관심과 배려가 넘치는 일할 맛 나는 곳, 직장의 규범과 제도가 직급이나 직위에 상관없이 공정하게 지켜지는 곳, 모두가 한가족처럼 지낼 수 있는 곳, 생색나지 않는 일을 해도 주어진 역할과 책임을 다하는 노력을 인정해 주는 공정한 일터, 무엇보다도 전 직원 간 신뢰와 믿음이 두터운 곳입니다.

물론 급여나 보상은 많을수록 좋겠지요. 하지만 노력도 하지 않았는데, 어떠한 성과나 기여도 하지 않았는데 보상을 받는 것을 원하지는 않습니다.

직장인들은 자신들이 일하고 노력한 만큼의 공정하고 합리적인 보상과 대우를 원합니다. 모두 능력을 발휘할 기회가 골고루 주어지기를, 상사가 자신의 의견을 들어주고 업무에 반영해주고 일어나고 있는 회사의 변화를 공유하고 고민하며 함께 해결하고 만들어 나가기를 원합니다. 즉 단지 월급을 받고 다니기에 편안한 곳이 아니라 일하기 좋은 일터, 즉 행복한 일터를 원하는 것입니다.

그럼에도 불구하고 우리가 현실적으로 일하고 있는 일터를 보고 있노라면, 우리 직장인들이 바라고 원하는 직장 생활과는 다소 동떨어져 있음을 인정하지 않을 수 없습니다. 그렇다고 하더라도 우리는 일하기 좋은 일터, 행복한 일터를 포기할 수는 없는 노릇입니다.

이에 길지 않은 분량의 책이긴 하지만, 이 책은 복잡하고 어려운 직장 현실의 중심에서 직장인들의 행복한 삶을 위한 현실적인 대안 설계에 있어서 합리적이고 효율적이며 지극히 현실성을 갖춘 행복설계를 위한 올바른 방법과 방향제시를 담고자 한 책입니다.

이 책을 통해 직장인의 행복이 얼마나 소중한 것이며 모든 직장인의 삶에 영향을 주는 요소들이 얼마나 우리 직장인들의 행복에 영향을 미치고 있는가를 깨우치고, 행복을 위하여, 직장인 개개인이 어떻게 살아가야 할지에 대한 방향을 되돌아보게 되었다면 더 바랄 것이 없겠습니다.

물론 이 책을 쓰면서 다시 직장인으로서 어떻게 살아가야 할지 심도 있게 재정립해볼 귀중한 기회도 갖게 되었으며, 무엇보다도 저자 자신에게 있어서 다른 분들에게 어떠한 상황에서도 행복한 직장 생활을 해나가는 모습을 증명해 보여줄 수 있게 해준 계기가 되었습니다.

아울러 직장인들에게 행복한 생활을 향한 긍정적 나침반을 제공하겠다는 오랜 꿈을 이룩하는, 인생에 가장 큰 보람을 가져다 주었습니다.

지난 몇 년 동안 이 책이 나오기까지 필자에게도 결코 쉽지 않은 작업이었습니다. 하지만 어느 순간에도 한 번도 의심하지 않았던 생각은 그래도 우리 직장인들은 참 행복한 사람들이라는 것입니다. 적어도 풍요롭고 자유로운 이 시대를 살아가는 우리 직장인들은 매우 행복한 사람들이라는 것을 어느 한 순간도 잊어본 적이 없습니다.

대한민국 모든 직장인은 행복해질 권리와 자유를 가지고 있으며 행복해야 할 이유를 가지고 있습니다. 단지 지금까지 그 사실을 인식하지 않았거나 그냥 지나쳤을 뿐입니다. 이 책의 핵심이 바로 그것입니다. 이 책이 모든 직장인이 가진 행복을 재발견하고 키워갈 수 있도록, 지극히 현실적이면서도 미래지향적인 방향을 제시해준

계기가 되었으면 좋겠습니다. 아울러 모든 직장이 장수기업이 되고 위대한 기업으로 성장발전 할 수 있는 새로운 경영패러다임인 행복경영을 실행하는 계기가 되었으면 좋겠습니다.

대한민국의 모든 직장인이 행복한 그 날을 위하여
행복컨설턴트 천영선